우리 시대를 지배하는 가장 위험한 이단적 사상은, 행복이 인간적 한계를 부정하고 극복하는 데 있다는 생각이다. 이것이 인류 문명의 발전을 추동해 왔다. 교회는 이 사상을 받아들여 복음을 왜곡시켰다. 번영의 복음은, 하나님의 능력을 끌어들여 인간의 한계와 약함을 극복할 수 있으며 그것이 우리가 추구할 복이고 그 안에 행복이 있다고 가르치는 가짜 복음이다. 가짜 복음은 믿는 이들의 삶의 방식을 왜곡시켰고 삶의 지향점을 바꾸어 놓았다. 왜곡된 신앙이 맺은 추한 열매들이 한국 교회를 지금의 위기 앞에 세웠다. 그런 의미에서 이 책은 아주 귀한 선물이다. 저자는 가짜 복음과는 다른 복음을 전한다. 인간적 한계는 창조주가 그어 주신 안전선이며, 약함을 받아들이는 것은 그분의 은총을 입는 과정이라는 사실을 차근히 설명한다. 또한 한계와 약함을 선물로 받아 사는 삶이 어떤 것인지를 구체적으로 안내한다. 분주한 일상을 잠시 멈추고 차분히 앉아서 정독하고 돈독하게 실천한다면 참된 복음이 주는 안식과 자유를 경험할 것이다.

김영봉 와싱톤사귐의교회 목사, 『사귐의 기도』 저자

인생은 다양한 한계들로 구성된 집이다. 시간이든 에너지든 재능이든 환경이든 무엇 하나 충분한 것이 없다. 그러나 저자는 이 책에서 이 '한계'라는 불쾌하고 불편한 키워드를 하나님의 아주 은밀한 선물로 보고 인생과 세상을 재해석하려 한다. 그동안 행복의 목덜미를 잡고 우리를 불행의 늪으로 데려가던 모든 요소들은 저자가 볼 때는, 우리를 기막힌 지혜와 황홀한 풍요로 안내하는 좁은 문일 뿐이다. 예수님의 삶이 그 본이 되신다. 그분은 수많은 한계들 속으로 친히 오셔서 무한한 아버지와 깊은 관계를 맺고 우리에게 본을 보이신 분이다. 『작아서 아름다운』은 세상의 모든 한계들이 보여 주는 하나님의 오묘한 질서를 읽어 내는 저자의 통찰력이 돋보이는 책이다. 수많은 한계들과 씨름하다 지쳐 포기와 절망에 무릎 꿇은 이들에게 발상의 전환과 함께 여유로운 삶을 선물하는 이 책을 진심으로 권한다.

한병수 전주대학교 교의학 교수, 『예수를 발견하는 성경읽기』 저자

추천사 제안을 받았을 때 나는 이렇게 말할 수밖에 없었다. "제가 그 책을 읽을 시간이 없을 것 같아요. 저는 너무 많은 일정에 치이고 있거든요." 그러나 책의 요지와 차례를 보며 이 책이 지금 나에게 필요하다는 것을 직감할 수 있었다. 저자의 친절하고 사려 깊은 초대는 한껏 빨라져 있는 맥박을 잠잠하게 하고, 복잡한 머릿속에 시원한 바람이 불게 한다. 성장의 올무에 갇힌 기독 공동체가 전력으로 질주하고 있는 갖가지 사역들에 대해 숨 고르기를 하게 한다. '내가 진정 하나님을 신뢰하는가'는 '나는 한계를 인정하는가'일지도 모른다. 사랑은 한계를 긋는 일이다. 하나님은 우리에게 무거운 짐을 주신 것이 아니다! 이 책을 읽다 보니 나의 신실한 동역자들이 떠올랐다. 영적 공동체의 리더, 직분자, 특히 목회자가 꼭 읽어야 할 책이라 생각한다. 영적 공동체가 영생을 누리는 것은 한계를 인정하는 것에서 시작되기 때문이다. 마치 최초의 에덴이 그랬던 것처럼 말이다.
김명선 작가, 예배 사역자, 목회자, 『사랑이 남긴 하루』 저자

우리 대부분은 너무 많은 것을 하려 한다. 무엇이라도 되어서 의미를 찾으려고 미친 듯이 돌진하다 지쳐 버린다. 피조물의 한계라는 미덕과 예수님의 지혜로운 길을 묵상한 이 책은 더 나은 형통의 길을 제시한다. 속도를 늦추라는 헤일스의 풍부한 신학과 목회적 초대는 욕심과 무절제의 우리 문화에 꼭 필요한 강장제다.
티시 해리슨 워런 성공회 사제, 『오늘이라는 예배』 저자

예수께서 모든 나라와 부족과 언어의 사람들을 사랑하시니 복음이 반미(反美)는 아니지만, 그분이 우리를 끝없는 신분 상승이나 존재감 과시나 과욕 추구로 부르시지 않고 거룩하고 신실한 삶과 안식으로 부르시니 복음이 얼마나 아메리칸 드림과는 다른지 수시로 환기하는 것도 좋다. 버거운 무제한의 기대에 지쳐 그보다 건강한 리듬을 원한다면 이 책이 안성맞춤의 길잡이다.
스캇 솔즈 크라이스트 교회 담임목사, 『선에 갇힌 인간 선 밖의 예수』 저자

자기개발이라는 요정의 유혹에서 우리를 구하는 놀라운 묵상집이다. 저자가 그려 내는 여유로운 삶은 애써 추구할 것이 아니라 그냥 받으면 된다. 예수님이 본을 보이신 삶, 성례처럼 주목하는 삶, 필연적으로 인간다운 삶이다. 숨 가쁘게 달려가고 있다면 이 책의 도움으로 속도를 늦추고 위를 올려다보며 숨을 고르라.

젠 폴록 미셸 Surprised by Paradox, A Habit Called Faith 저자

우리 문화의 거의 모든 목소리들은 우리에게 한계를 거부하며 저항하라고 외치지만, 적절한 한계는 인간이 잘되는 데 유익하다 못해 필수임을 아는 게 중요하다. 풍부한 성경과 탄탄한 연구에 기초한 이 반가운 책은 우리를 여유로운 삶으로 초대한다. 동시대를 살아가는 저자의 일화도 시린 공감을 자아내거니와, 거기에 통찰력 있는 문화 분석과 영적 지혜와 아름다운 기도가 두루 어우러져 하나님이 주신 제약을 우리가 받아들일 수 있는 미덕을 깨우쳐 준다.

앨런 노블 「그리스도와 대중문화」 편집장, 오클라호마 침례대학교 영어학 조교수

세상은 우리에게 약함을 회개하고 제약과 결별하라고 말한다. 제약은 곧 외면하고 싶은 약점이다. 대개 우리는 어떻게든 돈을 많이 벌고, (없어서는 안 될 중요한 존재로서) 일주일에 100시간씩 일하고, 닷새씩 운동하며, 고급 식당에서 고급 음식을 먹고, 멋있어 보이고, 환상적 성 생활과 결혼 생활을 가꾸고, 귀여운 자녀를 두고, 여행을 많이 다니고, 멋진 내 집을 장만하려 한다. 이 모두를 SNS에 올려야 함은 물론이다. 이런 우리에게 저자는 예수님을 따르는 삶이 제약을 받아들이고 약함을 자랑하는 삶임을 가르쳐 준다. 실망스럽기는커녕 오히려 더 나은 삶이다.

존 스타크 뉴욕 사도교회 업타운 캠퍼스 수석목사

제약에서 형통으로, 저자는 우리 손을 잡고 새로운 자유를 향해 나아간다. 사실은 오래전부터 있었던 자유다. 이 책이 제시하는 기쁜 소식은 멋진 삶이 예상과 달리 지금 여기에 있어, 제약의 선 너머에서 우리를 기다린다는 것이다. 작은 삶이 곧 큰 사랑임을 생각하라고 따뜻이 초대하는 책이다.

샌드라 맥크래컨 싱어송라이터

여유로운 삶은 통합된 삶이므로 저자는 육체와 영혼과 감정과 지성을 비롯한 인간의 모든 요소와 제약을 한데 엮어 통합된 삶의 무늬를 직조해 낸다. 푸른 초장에 이르려면 삶의 순리에 따라야 한다.

로어 퍼거슨 윌버트 *Handle with Care, A Curious Faith* 저자

우리를 깨워 현재를 살아가게 하는 책이다. 그 삶에서는 연약한 모습으로 나아가는 것이 가장 중대한 소임이며, 그럴 때 우리는 얼굴에 스치는 바람을 마주하고 맛보고 느낀다. 저자의 말대로 "사랑은 우리의 속을 들추어낸다." 이 책은 그런 사랑으로 부르는 초대이자 귀향길을 안내하는 길잡이다.

섀넌 마틴 *The Ministry of Ordinary Places, Falling Free* 저자

하나님이 한계를 지으시니 보시기에 좋았더라. 이 책의 메시지요 무리하게 혹사하는 우리 문화에 시급히 필요한 말이다. 시대에 대한 성경적 통찰에 온유함과 지혜가 어우러진 이 책은 신령한 양식과도 같다. 진작 우리 영혼에 전해졌어야 할 아름답고 깊고 진실한 초대다.

섀런 하디 밀러 노스캐롤라이나 브라이트 시티 교육목사, *Free of Me* 저자

우리는 한계와 구속과 난간을 밀쳐 내며 아등바등 살아가지만 지쳐 있고 불행하다. 자유의 이름으로 속박을 걷어차며 마음대로 다 해 보지만 못내 불만스럽다. 기쁨과 자족은 요원하다. 이 책은 우리를 오래된 진리로 데려간다. 즉 형통은 우리의 한계 속에 있으며, 바로 그것이 하나님이 우리에게 주신 삶이다. 인간이기를 마다한 채 일상의 속박도 방해도 없는 초인이 되려 하면 오히려 파멸로 떨어진다. 저자는 여유로운 삶에 이르는 길을 누구도 흉내 낼 수 없이 능숙하고 지혜롭게 상술한다. 이는 예수님의 길이고 지혜의 길이며 우리를 위한 길이다. 이 책은 우리를 그런 삶으로 융숭하게 초대한다. 이제 우리가 받아들이는 일만 남아 있다.

말레나 그레이브즈 The Way Up Is Down 저자

바쁜 일정과 끝없는 목록과 종종걸음으로 가득 찬 세상에서 저자는 다시 숨 쉬는 길을 열어 보인다. 내게 꼭 필요한 책이었다. 한계가 우리를 삶다운 삶으로 이끈다는 부드러운 환기는 누구에게나 필요하다.

앤줄리 파스칼 우리가 사랑하는 엄마들 클럽 설립자, Stay 저자

작은 삶 속에 깃든 한결같은 아름다움을 보여 주는 책이다. 흔히 간과되는 일상의 아름다움이 책 곳곳에 산재해 있다. 저자는 속도를 늦추어 매 순간 속에 충만하게 드러나는 그리스도를 맛보라고 우리를 초대한다. 걸핏하면 방해하는 요란한 소음의 세상에서 벗어나 예수님 안에서 안식과 목적을 발견하라고 초대한다. 이 책은 그 안식에 이르는 놀라운 첫걸음이다. 지친 영혼을 위한 보약이다.

재스민 홈즈 교사, Mother to Son 저자

작아서 아름다운

IVP(InterVarsity Press)는
캠퍼스와 세상 속의 하나님 나라 운동을 지향하는
IVF(InterVarsity Christian Fellowship)의 출판부로
생각하는 그리스도인을 위한 문서 운동을 실천합니다.

Originally published by InterVarsity Press
as *A Spacious Life* by Ashley Hales
ⓒ 2021 by Ashley Hales
Translated and printed by permission of InterVarsity Press,
P.O. Box 1400, Downers Grove, IL 60515, USA. www.ivpress.com

This Korean translation edition ⓒ 2023 by Korea InterVarsity Press
156-10 Donggyo-ro, Mapo-gu, Seoul 04031, Republic of Korea.

작아서
아름다운

한계를 끌어안는 너른 삶

애슐리 헤일스

윤종석 옮김

lvp

어지러운 세상 속에서
우리에게 너른 공간을 마련해 준
제이슨과 칼라 리드에게
감사를 담아 이 책을 바칩니다.

"내게 줄로 재어 준 구역은 아름다운 곳에 있음이여."

_ 시편 16:6

✳

"그래서 안에서 본 마구간과 밖에서 본 마구간은 서로 달라 보입니다."
티리안이 씩 웃으며 말했다.
"그렇지요. 안이 바깥보다 더 넓습니다."
디고리 경이 말했다.
"예, 우리의 세상에도 마구간 안에
온 세상보다 더 큰 분이 계셨던 적이 있어요."
여왕 루시가 말했다.

_ C. S. 루이스, 『나니아 연대기』 제7권 "마지막 전투"

✳

"나를 넓은 곳으로 인도하시고
나를 기뻐하시므로 나를 구원하셨도다."

_ 시편 18:9

차례

01 대형 마트 같아진 삶
자유와 의미를 다시 생각하라는 초대 • 16

02 한계를 지으시니 보시기에 심히 좋았더라
작아지라는 초대 • 30

03 인스타그램에 예수님은 없다
SNS를 제쳐 두라는 초대 • 46

04 오이와 물수제비뜨기
기다리라는 초대 • 62

05 영적 삶은 인스턴트팟이 아니다
안식하라는 초대 • 78

06 바닷가에서 연 날리기
즐거워하라는 초대 • 94

07 사랑은 칵테일 파티가 아니다
주목하라는 초대 • 110

08 소금은 모여야 맛이다
   공동체로 살라는 초대 • 124

09 그냥 주어진 것들
   하나님 나라의 소품을 기억하라는 초대 • 138

10 어떻게 죽을 것인가
   거하라는 초대 • 152

11 사랑의 난간을 따라
   소망에 놀라라는 초대 • 168

12 변기를 청소하는 슈퍼히어로
   목적을 두라는 초대 • 182

13 대성당 그리기
   새롭게 보라는 초대 • 198

감사의 말 • 213
토의 질문 • 217
주 • 220

01 대형 마트 같아진 삶

자유와 의미를
다시 생각하라는 초대

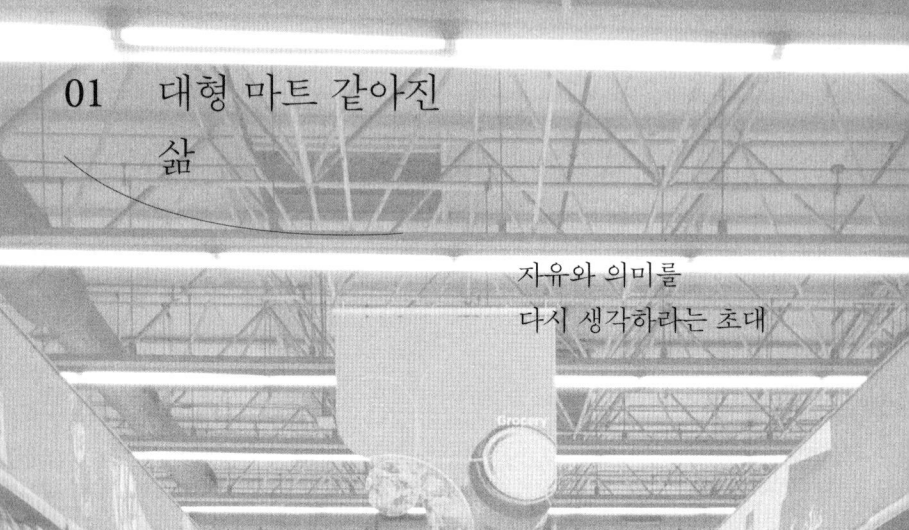

남편과 나는 스코틀랜드 에든버러에서 환상적인 3년을 보냈다. 조요하게 이울던 북극광, 고풍스러운 거리와 성곽들, 우유를 타서 마시던 차, 고서에 처박혀 보낸 많은 시간, 그리고 드디어 충만한 삶이 도래했다는 느낌. 우리는 두 세계 사이에 놓여 있었다. 고국을 떠나와 타국에 살고 있었고, 학부를 마쳤지만 보람된 직업은 아직 꿈이었으며, 신혼이되 아직 안정되거나 아이가 있기 전이었다. 금요일 밤이면 대학원 유학생들끼리 수다를 떨었다. DVD로 미국 텔레비전을 시청했고, 미국식 추수감사절 식사에 스물다섯 명이나 초대했고, 스코틀랜드 교회 교구의 생활 리듬에 섞여 들었다. 식단은 대개 검박하여 가짓수가 적었지만 그래도 멋진 삶으로 — 적어도 멋진 삶의 시작으로 — 느껴졌다.

    남편은 목회 수련 중이었고 나는 박사 과정을 밟고 있었으니 때가 되면 정식 직장도 생기리라. 내가 상상한 삶은 생각과 생각의 아름다운 조화였다. 우리는 에든버러나 어디 다른 데서 교회를 개척할 수도 있었고, 내가 유럽에서 박사 후 과정의 연구 장학금을 받게 될지도 몰랐다. 그러다 아이가 태어나면 아이까지 시와 여행의 세계에, 복음 사역으로 삶을 변화시키는 뜻깊은 세계에 끼워 넣으리라. 가능성은 무궁무진했다.

그런데 어느새 우리는 미국 캘리포니아의 패서디나로 돌아와 (3년 전에 살았던 바로 그 동네에서) 일하고 있었고, 몇 달 후에는 첫아이를 임신했다. 그러면서 가능성이 좁혀졌다. 밖으로 쭉쭉 뻗어 나가던 장밋빛 이상과는 거리가 먼 삶이었다.

나는 기존의 우리 삶에 자녀도 꿰어 맞출 수 있을 줄 알았다. 마치 칸칸의 까만 철제 서류함에 사람을 차곡차곡 넣기라도 하듯이 말이다. 그러면 본래의 내 모든 목표―여행, 모험, 지적 추구, 조용히 앉아 차를 마시거나 그림을 감상하는 시간―에는 아무 지장이 없으리라. 파일 폴더가 더 많아질 뿐이지 내 삶은 사실상 손을 타지 않을 테니 말이다.

그때는 미처 몰랐지만―적어도 뼈저리게는 몰랐다―내 시간과 몸과 애정의 이런 제약은 오히려 하나의 초대였다. 그런데 나는 거기에 맞서 싸웠다.

상상했던 삶과 주어진 삶의 괴리[1] 앞에서 몇 년이나 하나님께 저항했다. 내 한계를 인정할 수밖에 없었던 결정타는 자녀 양육이었다. 하나님은 일의 실패, 떨칠 수 없는 중년의 고뇌, 이사, 우정의 균열 등 많은 것을 통해 우리의 한계를 보여 주시는 것 같다. 되돌아보면 향수에 젖기 쉽다. 멋진 삶일랑 에든버러성 주변 꿈의 세계에 두고 온 게 분명했다. 나는 아기가 젖을 토하고, 끝내야 하는 박사 논문이 있고, 하나님의 부르심이 확실히 느껴지지 않는 오리무중의 세계에 꼼짝없이 갇혀 있었다.

멋진 삶은 어디로 갔을까? 나는 어디로 갔을까? 그 많던 대안이 왜 다 사라졌느냐고 하나님께 따진 적도 있지만 대개 나는 그냥 그분을 무시했다. 교회에는 나갔지만 성경은 읽지 않았다. 피상적 기도도 하나님의 응답에 대한 관심보다 의무에 더 가까웠다. 새로운 역할이라는 상자 속에 갇힌 듯 답답했다. 나는 사람들, 한 장소, 새로운 책임, 세 시간 단위로 먹여야 하는 아이에게 매여 있었다. 자유롭게 느껴질 리가 없었다.

운신의 폭이 너무 좁았다. 내가 원한 것은 넓은 세계와 웅장한 경치와 승승장구의 삶이었다.

내 한계를 예의 주시하라고, 거기에도 여유로운 삶이 있다고 누군가 말해 주었더라면 얼마나 좋을까. 장엄한 노을이나 오랜 경건의 시간에만 아니라 작은 겨자씨와 밀알 속에서도 하나님을 만날 수 있다고 말이다. 아니 어쩌면 그런 사람들이 있었는지도 모르고, 또 이것은 누구나 미성년을 벗어나 성년에 들어서는 여정에서 겪는 일일 것이다. 하지만 내가 생각할 수 있는 변화에는 직업, 직함, 여권(passport), 사유가 수반되어야만 했다.

* * *

엄마 노릇이 몇 년째로 접어들면 저녁 시간에 일상적으로 벌어지는 풍경이 있다. 나는 아기띠에 아기를 안은 채로 스파게티 소스를 저으면서 식기 세척기를 발로 닫는다. 성인과의 교류에 워낙 굶주린 터라 남편의 하루가 어땠는지 듣고 싶고, 즐겁게 좌충우돌하는 그의 이런저런 생각도 궁금하다. 그래서 요리와 뒤처리의 와중에도 어떻게든 대화의 흐름을 이어 가려 애쓴다(음악을 틀어 놓고 포도주를 한잔 곁들일 수도 있으리라). 그때 첫아이가 부엌으로 아장아장 걸어오는데, 장난감이 없어졌다며 얼굴이 눈물과 콧물로 범벅되어 있다. 또는 엄마를 좀 거들어 달라는데 자꾸 싫단다. 또는 덥거나 춥다고 투정하며 자기가 만든 예술 작품을 찾는다. 그냥 골판지 상자인 줄 알고 내가 이미 재활용 쓰레기로 분류해 놓았는데 말이다.

나는 다 멈추고 일단 급한 불부터 끈다. 샘나는 은혜를 애써 베풀지만 속에서 부아가 치민다. 늘 베풀기만 하는 데 질렸다. 내 힘으로 통제할 수 있으면 좋겠다. 파스타 물은 끓어 넘치고, 대화의 순간은 사라져 버렸다. 팔방미인이 되기란 도저히 불가능하다는 자각만 남는다.

그리고 그 끝은 구태의연한 수치심의 악순환이다. 우선 나는 환경이나 눈앞의 애먼 사람을 탓한다(전략1). 그게 아니면 삶 자체는 괜찮은데 내 접근 방식이 문제라고 해석한다(전략2). 그래서 더 열심히 하기로 다짐한다. 저녁 일과도 바꾸어 보고 자녀 양육에 대한 책도 새로 구한다. 그래도 소용없으면 수치심에 파묻혀 자신이 못났다고 단정한다(전략3). 수치심이나 외로움은 "네 주관대로 하라"라는 주문(呪文)으로는 해결되지 않는다.

나만 이런 게 아니다. 우리가 상상하는 멋진 삶이란 선택의 기회가 무한한 삶이다. 하지만 '만능인'이 된다는 것은 여자를 짓누르는 무거운 짐이며, 특히 30대에서 50대 사이의 여성에게 그렇다.

에이다 칼훈(Ada Calhoun)의 책에 보면 "미국 여성을 성취도와 만족도가 높은 팔방미인으로 만들려는 실험"이 언급된다.[2] 중년에 들어선 여자들은 그 "실험" 때문에 빚이 늘어났고 직장 및 가정 생활에 대한 압박감이 커졌다. 여기에 중년의 호르몬 변화까지 더해지면 그 결과로 탈진, 불안, 우울, 불면이 더 심해진다. 그래서 칼훈은 중년이 되면 많은 사람이 "이 실험이 다분히 실패임을 알게 된다"라고 썼다. 실험만 아니라 우리 자신까지도 실패자로 여겨진다. 자신의 이상을 실현하지 못한 데다 속으로 불행하기까지 하니 실패한 인생이 되는 것이다.

행복한 삶이 곧 멋진 삶이고, 사람의 행복은 자유에서 오며, 자유란 절대적 독립으로 정의된다 하자. 그러면 우리는 절대적 독립 덕분에 다 행복하고 만족스러운 사람이 되어야 마땅하다. 그런데 우리의 절대적 독립은 행복을 가져다주기는커녕 오히려 정체(停滯)와 탈진과 조급증을 낳는다. 데이비드 브룩스(David Brooks)는 그것을 이렇게 표현했다.

'나다워질 자유'를 부르짖는 문화에서 개인은 외롭고 결속은 헐겁다. 공동체가 약화되고 관계는 해체되면서 외로움이 확산된다. 이런 상황에서 사람이 잘될 리가 없다. 즉 사랑과 소통을 갈망하는 인간의 기본 욕구가 충족되기 어렵다. 이는 어느 연령대에나 힘든 문제지만 특히 청년층에게 그렇다. 그들이 내던져진 세상은 정해진 틀이 없어 불확실하며, 권위나 보호 장치도 스스로 마련해야 한다.[3]

독립과 자유로 내 운명은 내가 정한다는 서구의 자유 내러티브는 우리를 무한한 선택의 바다로 내몰고 있다. 우리는 외롭고 탈진해 있으며, 성공이나 기쁨이 무엇인지도 더는 확실하지 않다.

※ ※ ※

어디서 많이 들어 본 이야기 같은가? 당신도 불안하고 늘 다람쥐 쳇바퀴처럼 바쁘게 쫓기는 심정이라면, 나와 함께 마트에 가 보자. 우리 부부가 스코틀랜드에서 돌아와 몇 년 만에 다시 찾은 미국의 대형 마트 말이다.

에든버러 시절에 자동차가 없었던 우리는 거의 매일 식품점에 들러 먹거리를 사 오곤 했다. 주요 식료품이 떨어질 때마다 쪼르르 달려가던 구멍가게도 있었다. 알고 보니 월요일 식재료를 토요일까지는 사 두어야 했다. 일요일에는 가게마다 우유와 빵이 바닥나기 쉬운 데다 그나마 일찍 문을 닫았기 때문이다.

몇 년 만에 미국 대형 마트에 들어선 나는 널찍하고 눈부신 매장에 압도되어 그 자리에 얼어붙었다. 치리오스 시리얼과 그래놀라만 해도 종류가 수없이 많았고, 그중 절반에 빨간색 세일 딱지가 붙어 있었다. 양념류 코너를 멍하니 바라보던 기억이 난다. 아보카도 오일 마요네즈, 비건 마요네즈, 지방이 함유된 보통 마요네즈, 지방을 뺀 마요네즈, 수제 마요네즈 등 별의별 성분의 마요네즈가 각종 사이즈별로 구비되어 있었다. 통로를 둘씩이나 다 차지할 정도로 양념의 가짓수가 그렇게 많아야 할 이유가 무엇인가? 나는 바구니를 내려놓고 그냥 돌아와 버렸다. 너무 많아서 물건을 고를 수가 없었던 것이다.

무엇이든 다 선택할 수 있다면 사실상 이는 자유가 아니며, 오히려 우리 마음은 닫혀 버린다. 사회학에서 말하는 선택 과부하(또는 선택 장애)와 결정 피로감을 나도 겪어 보았다. 벽에 칠할 페인트 색을 골라 본 적이 있다면 당신도 그게 자유처럼 느껴지지 않는다는 것을 안다. 옷방에 옷이 가득한데도 '입을 게 하나도 없을' 때나, 이미 수많은 결정을 저울질하느라 머릿속이 뒤죽박죽되어 하루를 마친 후에는 말 한마디 제대로 나오지 않을 때도 마찬가지다. 양념이 너무 많으면 고르기 어렵듯이, 멋진 삶에 필요한 것도 더 많은 선택지가 아니다. 그것이라면 오히려 줄어도 좋다. 우리에게 필요한 것은 지침과 길잡이다. 앞길을 보여 줄 적절한 난간이다.

'출세의 사다리' 같은 성공 이미지와 더불어 미국 대형 마트가 내게 깨우쳐 준 것이 있다. 나는 멋진 삶을 개인의 끝없는 선택과 야망과 조급증의 혼합물로 둔갑시켰고, 이 모두를 뒤섞은 뒤 금상첨화로 그 위에 예수님을 얹어 놓았다. 이 과유불급은 행복을 얻고자 그저 환경을 (다른 브랜드의 양념처럼) 바꾼다고 해결될 일이 아니었다.

사실 내가 바라던 만족의 문제점은 관계, 일, 남편의 직업, 거주 국가 등 삶의 모든 요소를 장애물로 보고 그 속에서 악착같이 내 삶을 쟁취해야 한다는 게 아니었다.

내가 원하는 것을 얻기 위해 시간 관리를 더 잘하거나 더 많은 일을 하거나 더 열심히 노력할 문제가 아니었다는 말이다.

멋진 삶에 대한 나의 개념 자체를 뜯어고쳐야 했다. 아무거나 선택할 수 있는 권한이 내게 있다고 해서 삶이 멋있어지는 게 아니었다.

예수님이 내 절대적 독립의 한낱 장식물일 수는 없었다. 그분은 좁은 길로 인도하는 온유한 목자셨다. 더 여유로운 삶 속으로 들어가려면 내키지 않는 문을 통과해야 했으니 곧 나의 한계라는 문이었다.

* * *

복음이란 바쁘게 쫓기는 삶으로는 결코 얻지 못할 것이 예수님의

> 복음이란 바쁘게 쫓기는 삶으로는
> 결코 얻지 못할 것이 예수님의 삶, 죽음, 부활,
> 승천을 통해 다 이루어졌다는 기쁜 소식이다.

삶, 죽음, 부활, 승천을 통해 다 이루어졌다는 기쁜 소식이다. 우리는 거룩하신 하나님 앞에 온전해지려고 억지로 한계를 뛰어넘을 필요가 없다. 반대로 하나님이 가까이 오셔서 인간의 한계를 입고 우리와 관계를 맺으신다. 그분을 신뢰하면 그분이 우리의 죄와 수치를 가져가시고 대신 사랑으로 우리를 온전하게 하신다. 그 선(善)은 어떻게 우리의 것이 될까? 우선 대형 마트에서 나오고 출세의 사다리에서 내려와 더 나은 이야기 속으로 자리를 옮겨야 한다.

더 나은 이야기대로 살려면 예수님의 통치와 인도를 받아야 하는데, 그리스도인 여부를 떠나 실제로 우리 대부분은 그렇게 살지 않는다. 예수님의 기쁜 소식은 우리의 가지런하고 독립된 삶 여기저기에 폭탄을 설치한다. 그래서 우리는 플레밍 러틀리지(Fleming Rutledge)의 말 앞에 마주 설 수밖에 없다. "세례 요한의 말대로 천국이 가까이 왔다면 당신과 나의 소우주를 비롯한 다른 모든 나라는 근본이 위태로워진다."[4] 우리는 내 삶의 왕이 아니다.

> **자유란 단지 속박에서 벗어나는 게 아니라
> 사랑하기 위한 것이다.**

자유란 단지 속박에서 **벗어나는** 게 아니라 사랑하기 **위한** 것이다. 사랑을 위한 자유가 무엇인지 예수님이 본을 보이셨다. 자유란 힘들고 지쳐서 그분께 나아오는 이들에게는 치유와 같고, 굶주린 배에는 빵과 같으며, 두둑한 통장 잔액으로는 얻지 못할 깊은 정의와 평안을 가져다준다. 예수님이 열어 놓으신 자유의 문으로 들어가면, 양념류 코너를 마음껏 활보하거나 삶을 스스로 관리할 때보다 더 아름다운 무엇을 만난다. 한계란 좋은 것이다.

당신의 반문이 들릴 듯하다. "잠깐만, 한계가 **좋은** 거라니? 뛰어넘거나 무너뜨릴 게 아니고? 그 말로 끝인가?" 약간 미심쩍다면 당신도 내가 이웃과 나눈 이 대화에 공감할 것이다. 한계가 좋은 것이라는 내 말에 그녀는 깔깔 웃으며 되물었다. "여러 사업을 일구어 전면 가동하고, 쌍둥이 자녀의 유치원 반에서 봉사하고, 이제 막 암 진단을 받은 남편을 돌보는, 이 모든 일을 잘하지 않아도 된다는 말인가요?" 그래서 나는 이렇게 대답했다. "네, 맞습니다. 인간이 할 수 있는 만큼만 하면 됩니다."

하나님이 주신 좋은 한계는 때와 장소를 불문하고 모든 사람에

> **하나님이 주신 한계야말로
> 더 여유로운 삶으로 들어가는 문이다.**

게 해당하는 것이지, 다른 사람을 압제하거나 입막음하려고 가하는 각종 사회적 제약이 아니다. 하나님의 형상대로 지어진 피조물인 우리는 몸, 성격, 장소, 관계망, 책임질 대상 등에서 다 한계가 있다. 능력과 권한도 유한하고, 일과 건강과 믿음도 때에 따라 달라지며, 시간과 주의력과 소명도 제한되어 있다. 하나님이 주신 한계야말로 더 여유로운 삶으로 들어가는 문이다.

우리의 한계를 성공의 걸림돌이 아니라 형통을 위한 선물로 받아들이면 어떻게 될까? 어느새 우리는 예수님의 길에 들어서 있을 것이다.

그렇다면 그것은 어떤 모습일까? 모습은 사랑인데 기분은 길을 잃은 듯 혼란스럽다. 선교학자 레슬리 뉴비긴(Lesslie Newbigin)은 이렇게 썼다. "자아의 능력을 무한대로 개발하려 해서는 참된 자유를 얻을 수 없다. 인간은 독립된 존재가 아니라 사랑과 순종으로 참된 관계를 맺도록 지어졌기 때문이다. 따라서 한계도 인간의 필수 요소로 받아들여야 한다."[5] 한계는 우리가 먼지일 뿐임을 일깨워 준다. 하나님의 형상이지만 "천사보다 못하게"(히 2:7) 지어졌고 만물의 영장이지만 미약한 존재임을 일깨워 준다. 사랑이신 그분이 사랑을 위해 우리를 지으셨다. 사랑은 다른 사람을 하나하나 온전히 사랑하기 위해 제약도 즐거이 받아들인다.

당신도 불안한 영혼들의 수호성인 아우구스티누스(Augustine)와 조금 비슷한 데가 있는가? "난간이 없으면 결국 도랑에 빠질 수밖에 없기에, 자유가 진짜인지 아니면 속박 없는 무한한 선택폭과는 오히려 반대인지 미심쩍어진다"라는 말에 공감하는가?[6] 그렇다면 당신을 이 여정으로 초대하고 싶다.

처음에는 문이 약간 좁게 느껴진다. 그러나 현재 당신이 바쁘게 쫓기며 사느라 탈진해 있거나 '자유인'의 정체성을 끝없이 지어내야 한다는 중압감에 짓눌려 있다면, 내가 다른 길을 제시해도 될까? 좁은 문 안쪽에서 여유로운 삶이 당신을 기다리고 있다.

우리가 함께 떠날 길은 유일하게 완전하면서 유한한 인간인 예수님을 따르는 여정이다. 온전히 하나님이면서 온전히 인간인 그분은 우리에게 하나님 사랑의 통치 아래서 한계를 받아들이는 법을 보여 주신다. 하늘 영광을 버리고 자신의 창조 세계에 인간으로 오신 그분처럼 우리도 낮아져야 한다. 그분의 강림은 출생부터 사망과 부활에 이르기까지 하나하나가 다 특별한 사랑의 행위였다. 그 이야기 속으로 더 깊이 들어가는 이 책에서, 각 장마다 그리스도의 삶이 우리를 초대한다. 각 장마다 우리의 보는 눈이 새로워지면서, 내 이야기가 예수님의 이야기와 어떻게 맞물리는지를 생각해 볼 수 있다.

아울러 모든 장은 짤막한 기도로 끝난다. 읽다가 잠깐이나마 예수님과 함께 있기를 연습하는 시간이다. 기도가 낯설다면 시험 삼아 해 보라. 당신의 마음속에서 혹은 당신의 가정과 소그룹과 교회에서 이 기도들을 마중물로 활용하라.

고개를 숙이고 좁은 문으로 들어가라. 예수님은 우리를 풍성한 삶으로 인도하시는 선한 목자일 뿐 아니라 그 문이기도 하다. "내가 문이니 누구든지 나로 말미암아 들어가면 구원을 받고 또는 들어가며 나오며 꼴을 얻으리라"(요 10:9). 이 문만 지나면 당신이 찾는 푸른 초장이 있다. 그 안의 풍경 속으로 함께 떠나자. 여기 더 여유로운 삶이 있다.

02 한계를 지으시니 보시기에
    심히 좋았더라

       작아지라는 초대

연휴를 맞아 우리는 아이들을 데리고 로스앤젤레스에 갔다. '할리우드' 글씨가 보이는 산 중턱에 그리피스 천문대가 있다. 공기가 맑았고 초록빛 산자락에 둥지를 튼 천문대의 흰색이 돋보였다. 기분이 묘했다. 저 밑에 펼쳐진 도시는 도시랄 것도 없었지만, 산 위에서 보는 로스앤젤레스는 우리가 상상하는 대로 변모했다.

천문대 안에 입장한 우리는 좌석을 뒤로 젖히고 돔형 스크린에 펼쳐지는 영상을 관람했다. 실내가 어두워지자 별자리들이 춤추며 천장을 누볐다. 고대 부족들은 별 따라 이동하며 별을 숭배했고, 우리는 작은 은하의 한 점 티끌에 불과하며, 광활한 우주에 적어도 1천억 개의 은하가 더 있다고 했다. 영상은 우리의 현 위치인 그리피스 천문대를 가득 담았다가 점점 앵글을 넓혀 수많은 미지의 은하로까지 확대되었다. 중간에 우리는 우주에서 길을 잃고 말았다.

이 모두를 구상하고 지으신 하나님은 얼마나 크신 분일지 가히 상상이 되지 않았다. 우리는 앉은 채로 약간 멋쩍게 꼼지락거렸다. 우리가 아주 작았기 때문이다.

* * *

세상을 창조하실 때부터 하나님은 경계선을 그으셨다. 이런 경계선, 즉 한계는 창조 세계가 형통할 수 있는 질서를 이루어 내며, 세상이 어떤 상태에서 가장 잘 돌아가는지를 보여 준다. 처음에는 아무것도 없었는데, 창조주의 권능의 말씀을 통해 만물이 생겨났다. 시간과 공간을 초월하시는 하나님은 그분의 뜻과 권한으로 만물에 이름, 정체성, 목적, 의미를 부여하셨다.

하나님의 호흡이 발하신 말씀에는 구속력이 있었다. 그분이 누구시고 피조물이 무엇인지에 대한 서약과도 같았다. 그분이 "빛이 있으라" 하시니 즉시 빛과 어둠이 나뉘었다. 하늘이라 칭하신 궁창에서 물도 나뉘었다. 땅이 식물을 내되 씨앗과 나무가 각각 종류대로 번식했고, 깊은 바다와 육지에 가득한 각종 생물도 하나님이 정해 주신 계통과 한계 내에서 생육했다. 저마다 본분에 충실했고, 보시기에 좋았다.

이번에는 하나님이 친히 손에 흙을 묻히셨다. 에덴에 동산을 창설하시고 농부처럼 씨앗을 뿌려 만물의 영장—그분 자신의 형상인 남녀 인간—의 서식지를 마련하셨는데, 이때도 역시 경계선을 그으셨다. 그분이 심으신 싱그럽고 그늘진 나무들은 오색찬란한데다 맛있는 과일까지 열려 눈을 즐겁게 했다. 역시 보시기에 좋았다.

바로 그곳에서 하나님은 땅의 흙으로 인간을 빚으셨다. 그분이 코에 숨을 불어넣으시자 그는 호흡하는 생명체가 되었다. 그에게 돕는 배필이 없었으므로 하나님이 여자를 지으셨으니 곧 아담의

뼈 중의 뼈요 살 중의 살이었다. 둘은 부끄럼 없이 한몸이 되어 에덴을 경작했다. 보시기에 심히 좋았다.

창조 세계는 주어진 한계 내에서 번식하고 계절의 변화에 순응해야 한다. 세월과 노화의 제약 속에서 휴한과 생장의 주기를 거쳐야 한다. 천체에도 한계가 있어 해와 달은 각각 낮과 밤을 주관하도록 되어 있다. 세상, 빛과 어둠, 바다와 육지 등의 이름 속에도 피조물의 분수와 한계가 담겨 있다. 행성은 아무 데로나 가서는 안 되고 궤도대로 돌아야 한다. 식물은 사철의 한계에 따라 성장하고, 동물은 제한된 서식지 내에서 가장 빛을 발한다. 하나님이 사랑으로 한계를 정해 주지 않으시면 자연계는 혼돈하고 공허할 수밖에 없다.

창조 세계의 피륙 속에 한계가 교직되어 있다는 것은 그만큼 하나님이 사랑으로 통치하고 돌보신다는 증거다. 한계는 죄의 결과나 우리를 억누르는 구속이 아니라 하나님의 심히 좋은 계획의 일환이다. 한계 덕분에 우리의 서식지가 생겨나고 형통의 여건이 갖추어진다.

사랑의 하나님이 세상에 한계를 주셨기에 생명이 유지될 수 있다.

우리도 다르지 않다. 인간에게도 한계가 주어져 있다. 우리를 가로막고 속이기 위해서가 아니라 모든 피조물처럼 형통하게 하

> **사랑의 하나님이 세상에 한계를
> 주셨기에 생명이 유지될 수 있다.**

기 위해서다. 아담과 하와는 한정된 장소에 머물러야 했다. 에덴이라는 서식지에서 서로의 연합에 충실하며 만물의 선한 청지기로 살아가야 했다. 만물의 영장인 그들이 행사한 힘과 권한은 청지기로서일 뿐이며, 어디까지나 우주를 창조하신 분의 사랑의 통치 안에서 이루어졌다. 그들은 창조 세계를 돌보고, 동물의 이름을 짓고, 식물을 먹었다. 제약은 그들이 해서는 안 될 일로도 나타났다. 그들은 선악을 알게 하는 나무의 열매를 먹어서는 안 되었다.

하나님이 아담과 하와를 서로에게 주신 것은 오직 언약의 테두리 안에서 살라는 뜻이었다. 그분에게서 기원한 이 구속력 있는 관계가 신뢰와 돌봄과 생육을 가능하게 했다. 한계 덕분에 관계의 조건이 갖추어진다. 한계가 난간 역할을 해 주기에 우리는 서로를 친밀하게 아는 데까지 나아갈 수 있다. 서약이 우리를 보호해 주는 것이다.

사물마다 제 분수와 구실이 있듯이, 질서와 권위 아래에 놓인 인간의 자율에도 한도가 있었다. 하나님은 아담과 하와를 초대하여 다른 사람들을 그리고 자신들에게 할당된 땅을 책임지고 돌보게 하셨다. 본래 한계는 심히 좋은 것이었다. 세상이 가야 할 길을 보여 주었기 때문이다.

관계의 한계, 목적과 사명의 한계, 권한의 한계. 이 모두는 그들을 서로 및 창조주와의 공동체 속으로 부르는 초대였다. 그분은 서늘한 저녁에 그들과 함께 동산을 거니셨다.

이렇듯 한계는 형통을 누리자는 초대였다. 그런데 그 모두가 달라졌다.

* * *

아담과 하와는 모든 식물을 양식으로 받았다. 블루베리를 따먹고 바질을 뜯어먹고 포도나무를 재배했다. 그런데 한 나무만은 엄격히 금지되었으니 곧 선악을 알게 하는 나무였다. 이 한계에 불복하면 결과는 죽음이었다.

뱀은 하와에게 "하나님이 참으로 너희에게 동산 모든 나무의 열매를 먹지 말라 하시더냐"(창 3:1)라고 교활하게 물었다. 뱀의 미끼를 하와가 덥석 물던 그 순간부터 온 인류는 왕이신 하나님을 부인하는 반역의 혈통을 이어 내려왔다. 그분의 선하심을 우리가 불신한 것이다.

이제 우리가 믿는 멋진 삶이란 한계를 모르는 삶으로 바뀌었다. 이름, 관계, 생명, 목적 등 이미 주어진 것들을 제 힘으로 얻어 내려고 우리는 열매를 더 따먹고 지식을 더 늘린다. 더 의심하고 더 일하고 더 바쁘게 일정을 채운다.

그 이후로 한계는 더는 형통을 위한 것이 아니었다. 우리의 시조가 타락한 뒤로 경계선은 뛰어넘거나 침범해야 할 무엇이 되었다. 단어 transgression이 어떻게 '죄'라는 뜻으로 쓰이는지 잠시 눈여겨볼 만하다. '넘어'와 '가다'가 합성된 이 단어의 라틴어 어원은 적정 한도를 초과한다는 뜻이다. 우리의 시조도 그렇게 선을 넘어갔다. 하나님의 좋은 한계를 전에는 최적의 생활 조건으로 보았으나, 이제는 인간의 자유를 막는 걸림돌로 보는 쪽으로 옮겨 간 것이다.

나는 하나님이 창조 세계 속에 들어오신 이유에 대해 초기 교회 교부 아타나시우스(Athanasius)가 한 말이 참 좋다. "우리의 딱한 모습이 말씀이신 그분을 강림하시게 했고, 우리의 허물이 그분의 사랑을 애타게 부르짖었다. 그래서 그분은 어서 도우려고 우리 가운데 나타나셨다."[1]

귀한 자식의 위험천만한 상황을 알아차린 엄마처럼, 하나님도 이를테면 설거지하고 요리하느라 손이 젖은 채로 치마를 걷어붙이고 자녀를 구해 내신다. 자신의 외모는 안중에도 없으시다. 겉보기에 흐트러져 지저분해도 상관없다. 자녀를 구원하여 집으로 데려오려는 일념뿐이다. 이렇듯 그분은 우리를 도로 데려가려고 선을 넘어오신다. 우리의 딱한 모습에 마음이 동하여 행동에 나서신다.

예수님은 기꺼이 작아지셨고
한계를 사랑에 이르는 길로 받아들이셨다.

사랑은 구원한다. 사랑은 자신이 어떻게 보일지에는 관심이 없다.

우리에게 필요한 것은 싸움터로 변한 놀이터에서 우리를 안아 올려 흙을 털고 팔로 감싸서 집으로 데려오실 사랑의 아버지다.

그래서 영원한 말씀이신 그분이 오셨다. 그래서 말씀이 육신이 되셨다.

* * *

영원한 말씀이신 예수님은 신기한 우주가 생겨나기 전부터 천지 창조의 자리에 먼저 존재하셨다. 그런 그분이 여자의 산도를 뚫고 나오다니 잘 상상이 되지 않는다. 하나님의 구원 계획은 엄청나게 큰데도, 한 아기의 출생으로 작게 시작되었다. 예수님은 기꺼이 작아지셨고 한계를 사랑에 이르는 길로 받아들이셨다.

약속된 메시아는 그 목소리가 많은 물소리 같고 죽음과 저승의 열쇠를 쥐신 분인데도, 마리아의 태내에서 아무도 모르게 자라셨다. 모든 아기처럼 그분도 팔꿈치로 치고 발길질을 하다가 정한 기한에 태어나셨다. 물론 마리아와 요셉으로서는 기상천외한 일이었겠지만 말이다.

진통이 시작되어 숨이 가빠진 마리아를 상상해 본다. 이전에 천사에게 "말씀대로 내게 이루어지이다"라고 말하던 때와 똑같이 그녀는 수용하는 자세로 몸이 열리는 과정에 자신을 맡긴다. **말씀대로 이루어지이다.** 이는 게으름을 피우거나 자아를 유기하는 말이 아니라 오히려 수용과 서약의 말이다. 그렇게 고백할 때 새로운 공간이 열린다.

마리아는 요셉을 붙잡고 몸에 힘을 준다. 파도처럼 밀려오는 진통에 자신을 맡기면서도 이런 의문이 든다. "하나님의 아들이 이렇게 오시는가? 지금 여기에 이렇게?"

인간의 태내에서 세포 분열을 거쳐 더디게 성장하는 과정을 우주의 주인께서 감수하셨다. 그전까지 대대로 예언이 이어지면서 아기들이 태어나고 그분의 백성이 변절하는 동안, 그분은 지휘하며 기다리셨다. 그러다 마침내 다윗왕의 도시에서 태어나셨다. 그분의 태아 기름막이 씻겨 나가고, 탯줄이 잘리고, 허파에 이 땅의 공기가 들어찼다. 이 모두에서 보듯이 사랑이신 그분도 한계 속에서 형통하신다. 그분은 울음소리로 자신의 도착을 모두에게 알리셨다. "드디어 내가 왔다. 온 인류가 고대하던 구원이 임했다."

* * *

우리는 앉은 채로 멋쩍게 몸을 뒤척인다. 하나님이 인간이 되셨고 말 그대로 정말 여기에 계실진대, 그것은 우리에게 어떤 의미인가?

삼위일체의 제2위격이 작아지셨다. 더 여유로운 삶을 얻으려면 더 커지거나 더 얇게 퍼져서는 안 되고 예수님의 길을 따라야 한다. 우리도 자신이 작은 존재임을 받아들여야 한다.

그런데 우리는 자꾸 커지려 한다. 몸의 정당한 욕구를 무시한다. 커피를 너무 많이 마셔서 잠을 줄인다. 또 우리는 SNS 게시물이나 통장 잔액이나 몸무게로 자신의 가치를 따진다. 주의력과 관리력의 한계를 넘어가 일정을 너무 빡빡하게 채운다. 벌여 놓은 일부터 처리하느라 가족과 이웃은 뒷전이다.

하나님이 주신 한계를 넘어가면 나는 결국 지쳐서 주체하지 못하고 혼란과 불만에 빠진다. 이미 주어진 것들과 그분의 은혜로운 돌보심을 굳이 내 힘으로 얻어 내려고 기를 쓰면 그렇게 된다.

바쁘게 쫓기는 삶은 우리의 행위로 그치지 않고 아예 영혼의 상태가 되었다. 공동체(대면이든 가상이든), 장소, 직장, 배우자, 외모 등 무엇이든 (기계의 플러그를 꽂고 빼듯이) 제멋대로 취하거나 버릴 수 있다면, 우리는 자유로운 게 아니다. 모든 방법이 열려 있다면 이른바 자유라는 덫에 갇혀 있는 것이다. 스스로 신이 되어 매 순간 행복한 상태를 지어내야 한다는 중압감이 우리를 짓누르기 때문이다.

무제한을 떠받들며 사는 사람은 작은 것일수록 무력하다고 믿는다. 자원이 많아지고 존재감이 커지면 이제 우리는 통제권을 잃지 않으려고 자신을 부풀린다. 주목을 끌려고 못할 짓이 없는 희한한 새와도 같다. 우스꽝스러운 춤인데도 우리는 그 방법밖에 모르는 것 같다. 반대로, 보이지 않게 뒷전을 맴돌다가 착취의 봉이 되고는 수치심의 소용돌이에 빠져 외부와 단절되기도 한다.

하지만 사랑의 난간이 우리를 이끌어 제자리를 찾게 해 준다면 어떨까? 그래서 우리가 착취당할 일도 없고, 내 존재감을 알리려고 다른 사람을 짓밟을 일도 없다면 말이다. 예수님은 평범한 물질세계를 존중하신다. 그분은 세상적 야망이나 권력의 옷을 입으실 필요가 없었고, 그래서인지 굳이 여자의 태를 통해 작은 모습으로 오셔서 목자들과 동물들의 축하를 받으셨다.

그분이 보여 주시듯이 하나님의 이야기에서는 작은 것이 귀중하고 요긴하다. 우리의 한계를 되찾으면 보편적 인간성을 더 잘 회복할 수 있지 않을까?

우리는 무한하신 하나님의 능력과 권세 아래에 있는 피조물이다. 하나님의 능력은 착취하는 권력이 아니라 자신을 제한하시는 희생적 사랑으로 표현된다. 그래서 성육신하신 그리스도가 기꺼이 사랑으로 우리의 한계를 취하셨음을 묵상하면, 우리도 유한한 인간성을 소중하면서도 구원이 필요한 상태 그대로 품을 수 있다.

더 여유로운 삶을 받아들이기 위한 한 가지 작은 실천은 우리가 인간임을 인식하는 것이다. 우리의 육체와 영혼과 마음은 한계

> 당신의 한계에서 독특한 길이 열린다.
> 이 순간 예수님은 바로 그 길로 당신에게 오셔서,
> 당신의 삶으로 세상을 살리라고 초대하신다.

를 타고났다. 당신은 아홉 시간을 자야 하고 방울다다기양배추를 싫어할 수 있다. 자가면역질환 때문에 기력과 활동에 제약이 있을지도 모른다. 키가 크거나 작고, 뚱뚱하거나 날씬하고, 외향적이거나 내성적이고, 피부색이 이웃과 다를 수 있다.

어쨌든 삼위일체의 제2위격이 몸을 입으신 이상 당신의 개성은 모두 중요하다. 당신의 한계에서 독특한 길이 열린다. 이 순간 예수님은 바로 그 길로 당신에게 오셔서, 당신의 삶으로 세상을 살리라고 초대하신다.[2]

예수님은 우리를 초대하여 육체를 선한 것으로, 물질세계를 하나님 나라의 일부로 보게 하신다. 지옥문이 하나님 나라를 이길 수 없을진대 우리의 한계는 하나님도 어찌하실 수 없는 장벽이 아니다. 오히려 한계는 우리를 하나님과의 올바른 관계 속으로 초대한다.

여기서 우리는 자신의 정체성이 그분의 사랑받는 자녀임을 떠올린다. 하나님 나라에서는 작은 것도 선물이다.

하나님은 함께 우리의 한계를 쭉 짚어 보자고 청하신다. 그래서 우리는 무한하신 하나님께 한계를 가져가, 그분이 그 속에서 그리고 그것을 통해 역사해 주시기를 기도한다. 나는 (방랑벽 때문에 힘들긴 해도) 한 곳에 매인 삶을 인해 감사하는 법을 배운다. 사역의 한계 덕분에 예수님과 그분의 교회를 내 기분과 무관하게 더 잘 사랑하게 되었기 때문이다. 자녀를 기르다 보면 내게 가장 귀한 성장을 가져다주는 깨달음이 있다. '자유' 시간이 줄어 다른 일에는 집중하기 어렵지만, 덕분에 공감 능력이 자랐고 용서를 구할 줄 알게 되었다는 것이다. 아울러 내가 모든 사람의 욕구를 채워 줄 수 없다는 점도 환기된다. 그래서 이것은 선물이다.

'더 많이'를 외치는 삶은 우리의 기력, 긍휼, 사명, 평안을 고갈시킨다. 잡지와 자기개발 서적은 그게 멋진 삶이라고들 말하지만 하나님 나라가 전하는 말은 다르다. 하나님 나라는 그물, 값진 진주, 누룩, 감추인 보화, 작은 겨자씨다. 다 작고 유한한 것이지만 그 나름의 역할이 있다. 즉 사람을 먹여 살리고, 아름다움을 창조하고, 평범한 요소를 본연의 상태로 변화시킨다. 이 여유로운 삶을 우리 안에 품으려면 우선 하나님이 일부러 우리를 작게 지으셨음을 받아들이고 감사해야 한다. 예수님도 작은 것을 받아들이고 존중하신다.

우리는 작아지기를 연습해야 한다. 자신에게 느껴지는 한계만

이 아니라 느껴지지 않는 한계도 쭉 짚어 보아야 하고, 보이지 않는 한계까지도 보는 눈을 달라고 기도해야 한다.

유진 피터슨(Eugene Peterson)이 의역한 마태복음의 예수님 말씀은 우리 모두를 향한 초대다.

너희는 피곤하고 지쳤느냐? 종교 생활에 탈진했느냐? 나에게 오너라. 나와 함께 길을 나서면 너희 삶은 회복될 것이다. 내가 너희에게 제대로 쉬는 법을 가르쳐 주겠다. 나와 함께 걷고 나와 함께 일하여라. 내가 어떻게 하는지 잘 보아라. 자연스런 은혜의 리듬을 배워라. 나는 너희에게 무겁거나 맞지 않는 짐을 지우지 않는다. 나와 함께 있으면 자유롭고 가볍게 사는 법을 배울 것이다(마 11:28-30, 『메시지』).

더 여유로운 삶의 문턱에서 당신은 매번 이 부름에 응하겠는가? 바쁘게 쫓기는 삶을 내려놓고 "자연스런 은혜의 리듬"이라는 탁 트인 공간으로 나아오겠는가?

더 여유로운 삶은 언제나 은혜와 힘차고 굳센 서약으로 시작되고 끝난다. 창조 세계의 피륙을 짠 그 서약의 말씀이 예수님의 삶도 직조했다. 사랑하는 독자여, 그래서 당신에게 짤막한 기도를 남긴다. 겉보기에 작고 볼품없는 이 여유로운 삶을, 아직 망설여지지만 그래도 수용한다는 고백이다. 어쨌든 우리는 안이 바깥보다 더 넓다는 희망, 작은 것 속에 겹겹의 세상이 펼쳐진다는 희망을 의지적으로 담대히 붙든다.

* * *

전적으로 타자(他者)이면서도 늘 가까이 계시는
삼위일체 하나님, 주님의 성육신은 상상을 초월합니다.
저의 사고력과 이해력이 좁아서요.
다만 저는 제 불안하고 막막한 심정을 알 뿐입니다.
"멋진 삶" 운운이 사방에서 가해 오는 압박감도 있습니다.
저는 쫓기는 삶에 지쳤고,
바쁜 삶을 무슨 미덕인 양 말합니다.
주님이 주신 한계를 벗어난 저를 용서하소서.
예수님, 제게 용기를 주셔서 저의 근본적 정체성을
주님 안에서 찾게 하소서.
저의 한계를 일일이 지목하여 주께 내어 드리게 하소서.
이제 저는 문을 열고
하나님의 작고 충실한 이야기 쪽으로 갑니다.
두렵네요. 제가 지금 무엇을 하는 거지요?
혹시 제가 집어삼켜지거나 내뱉어지거나
투명 인간이 되는 것은 아닐까요?
그래도 길을 나섭니다!
성령님, 저를 위로하시고 제 발걸음을 인도하소서.
아멘.

03 인스타그램에 예수님은 없다

SNS를 제쳐 두라는 초대

나는 시선을 돌린다. 빤히 쳐다보는 사람처럼 비쳐지고 싶지는 않다. 하지만 카페 구석 자리에서 커피 한 잔에 샌드위치를 먹으며 책을 읽는 저 할머니가 참 보기 좋다. 손등의 퍼런 핏줄도 좋고, 야구 모자와 평범한 운동화에서는 자족감이 엿보인다. 평상복 차림이지만, 굳이 유행하는 찢어진 청바지나 안성맞춤의 멋진 테니스화가 아니어도 돼서 더 좋다. 새끼손가락을 구부려 약지에 붙인 것이며 책 읽을 때 손으로 턱을 괴는 모습도 보기 좋다. 무심결에든 최대한 신경을 썼든 샌드위치를 쥔 방식도 정석인 것 같은데, 자의식과는 하등 무관해 보인다. 자신이 어떻게 보일지 또는 인스타그램에 담을 만한 순간이 언제일지는 그녀의 안중에 없다.

그녀는 그대로 편안해 보여서 좋고, 지금 이 순간을 살 줄 아는 것 같아서 좋다. 디지털 기기의 방해나 그와 관련된 몸동작은 낌새조차 없다(부끄럽게도 나는 이제도 막 찻주전자와 근사한 신학 서적을 사진에 담았다). 자리를 뜰 때 이 할머니는 다 쓴 재생지 냅킨을 뭉쳐 도자기로 만든 찻잔에 넣어 놓는다.

한때는 삶이 이렇지 않았을까?

* * *

더 여유로운 삶으로 들어가는 문은 바로 작아지라는 초대인데, 일단 그 안에 들어서면 금세 인간성의 한계가 느껴진다. 우리는 시간 속에 육체로 존재한다. 손등에 퍼런 정맥과 검버섯이 있다. 그런데 우리는 무리하게 이런 한계를 **넘어가려** 한다. 그 방법 중 하나가 바로 서두르는 습관이다. 늘 바쁘게 몸을 움직일 뿐 아니라 디지털 기기의 소비 습관을 통해 오지랖을 넓히려는 것이다. 온라인에서는 어디에나 다 가 있는 척할 수 있다. 대화창을 드나들고, 차곡차곡 지식을 늘리고, 댓글을 달고, "좋아요"를 누르고, 다른 사람의 게시물을 퍼 나를 수 있다.

우리는 스마트폰으로 육체와 장소의 한계를 몰아낸다. 이미 중독된 상태다.

스마트폰 중독자를 돕는 지원 단체까지 있을 정도다. 사람들이 하루 평균 전화기를 보는 횟수는 80회, 전화기에 들이는 시간은 세 시간이다. 우리의 일정에는 이메일 확인이 수시로 끼어들고, 우리의 대화는 눈앞에 있지도 않은 사람에게 반응하느라 자주 끊기며, 우리의 마음과 상상력을 사로잡는 것은 이웃이 아니라 뉴스 헤드라인이다. 디지털 식단이 이렇다 보니 결국 우리는 자괴감을 자초한다. 다른 사람의 휴가 사진을 보면 배가 아프고, 자녀를 재미있게 기르는 동영상은 열등감을 안겨 준다. 정치적 발언에는 감정이 격해지고, 트위터로 논쟁하느라 대면 소통과 화해라는 더딘 과정에 들일 시간이 달아난다.

SNS 중독은 우리의 신경화학계까지 교란시킨다. 몸자세가 구부정하면 코르티솔이 분비되고, 스마트폰의 역광과 파란 불빛은 (수면에 필요한) 멜라토닌을 억제할 수 있다. 최근의 한 연구에 따르면 "게임 중독자는 뇌의 우측 안와전두피질, 양측 섬엽, 우측 보조 운동영역 등에 회백질이 위축되어 있다. 이런 뇌 부위는 충동 조절, 계획하고 조직하는 능력, 심지어 긍휼과 관계된다."[1] 전화기가 우리의 육체, 수면, 스트레스 수위, 타인과 공감하며 소통하는 능력 등에 미치는 악영향은 사실로 확인되고 있다.

나는 스마트폰에 지배당하지 않으려고 전화기를 주방의 플러그에 꽂아 둔다. 하지만 그 앞을 지나갈 때마다 얼른 메일함을 확인하고 SNS를 휙 훑어본다. 디지털 기기를 수족처럼 놀려 전지전능한 척 우쭐대는 것이다. 내 꿈과 시간과 주의력이 제한되어 있다는 생각은 하기 싫다.

마케팅 분야의 상식이지만, 착실한 소비자를 길러 내는 최고의 방법은 자꾸 중독되게 해서 더 찾게 만드는 것이다. 개인적 정당화, 업데이트와 현재 상황, 세일과 가격 변동 등이 다 그에 해당한다. 아울러 명성과 인기의 막후도 살짝 엿볼 수 있다.

중독은 화면에 붙들려 사는 시간으로만이 아니라 영적 감수성의 둔화로도 측정된다. SNS로 우리는 막막한 심정을 달래고, 흥밋

거리를 찾고, 자신이 옳다고 주장하고, 시류에 동화하고, 존재감을 얻으려 한다. 긴장이 풀리는 디지털 공간에서 마음껏 의견을 외치고, 삶의 원천이라도 되는 양 정보를 축적하고, SNS에 고통을 중계한다. 반대로 익명성 속에 숨어 버릴 때도 있다. 만화 〈피너츠〉의 라이너스가 늘 담요를 들고 다니듯이 우리는 전화기를 끼고 산다. 화면의 스크롤을 통해 생산성을 발휘하고, 깊은 패배감과 막연한 불안을 달래고, 일상의 갈등과 고통을 피하려 한다.

트위터와 인스타그램을 보는 게 기도보다 쉽다. 깔끔한 네모 안에 쏙 들어가는 온갖 게시물 덕분에 고통을 쉽게 외면할 수 있다. 광활한 디지털 공간인 온라인에서 우리는 육체, 감정, 장소, 시간의 한계를 외면한다. 당장은 그게 자유롭게 느껴진다.

그러나 우리의 정체성을 SNS로 계속 지어낼 수 있다면, 결국 이는 자유가 아니라 속박이다. 처음에 그렇게라도 사회생활의 고통에서 잠시 벗어나려 했던 것이 이제 타성으로 굳어져 버렸다. 데이비드 잘(David Zahl)은 첨단 기기가 우리를 반사 작용 이상으로 속속들이 빚어낸다고 썼다. "나를 속박하거나 가두려는 모든 것에 우리는 첨단 기기로 대항한다. 율법은 우리가 피조물이며 유한하고 의존적인 남자와 여자라고 말하건만, 우리는 거기에 주먹을 휘두르며 내가 창조주라고 우긴다. 내 힘으로 못할 일이 없다는 것이다."[2] 설령 멋진 삶이 무제한의 자유 속에 있다 해도(사실은 그렇지 않지만), 우리는 자체 기준으로 보아도 자유롭지 못하다. 각종 기기에 얽매인 채로 막후의 삶에 간섭하여 인간성의 보편적 한계를 거스르려 하기 때문이다.

더 편해지고 가상 접속도 늘어났지만 우리의 만족감은 커지지 않았다. 사상 최고의 소통망 속에서도 우리의 소통은 얄팍하다. 끈끈한 공동체가 없는 사람이 대부분이며, 그래서 우리는 외로움으로 죽어 간다. 더 많은 자유와 더 넓은 디지털 공간이 우리에게 남긴 것은 해방감이 아니라 폐소 공포증이다.

* * *

저마다의 SNS 플랫폼에서 대개 우리는 소통과 위안을 찾으려 한다. 그 작은 네모 안의 삶은 한결 단순해 보인다. 가상으로 어디에나 다 가 있지만 정작 아무 데도 있지 않을 때, 우리는 자신이 작고 유한하여 죽을 수밖에 없는 육신임을 망각할 수 있다.

사실 우리의 죄란 갈망과 애정의 방향이 빗나간 것이며, 디지털 중독 같은 작은 부작위의 죄도 마찬가지다. 그렇다면 불안한 스크롤은 그만큼 우리 마음이 불안하다는 증거다. 우리는 사랑 많은 부모를 잃고 인터넷의 미로에서 방황하는 어린아이와 같다. 우리를 보고 찾아 줄 좋은 아버지가 절실히 필요하다. 우리는 도무지 쉴 줄을 모르며, 아무 데나 온라인을 떠도는 게 더 쉽다. 그래서 전화기에 뜨는 온갖 이야기에서 자신의 정체성을 찾으려 한다. 우리가

> 우리는 사랑 많은 부모를 잃고
> 인터넷의 미로에서 방황하는 어린아이와 같다.

지식의 수류탄을 던지며 인터넷 상의 가상 타인을 공격하는 것도 대개는 방향이 빗나갔을 뿐, 아이의 이런 간절한 절규가 아닐까? "나를 보아 주세요. 나를 주목하고 알고 사랑해 주세요."

  말씀이 육신이 되신 예수님은 우리에게 아버지의 얼굴을 보여 주신다. 온라인을 헤매고 다닐 때 우리가 갈망하는 것은 목적과 의미와 방향과 교훈인데, 결국 이 모두는 1세기에 유대인으로 오셔서 "나를 본 자는 아버지를 보았거늘"(요 14:9)이라고 말씀하신 예수께 있다. 우리가 갈구하는 것은 그분의 느긋한 주목, 치유의 손길, 예리한 지혜, 전복된 나라다. 그런데 부끄러워서인지 두려워서인지 우리도 인류의 시조처럼 오히려 숨는다. SNS 중독은 현대인이 하나님의 맹렬하고도 자비로운 임재를 몰아내는 방법 중 하나일 뿐이다. 하지만 인스타그램에 예수님은 없다.

* * *

요셉과 마리아는 가난했다. 경건한 유대인에게 허락된 최소한의 제물인 어린 멧비둘기 한 쌍을 가져온 것으로 보아 그렇다. 그래도 그들의 형편으로는 최고의 예물이었다. 예루살렘 성전의 층계에서 그들은 성육신하신 말씀을 새 두 마리와 함께 바쳤다. 가난하지만 세상 최고의 부자였다. 예수님은 역설로 가득하신 분이다. 하나님이면서 인간이시고, 신성과 인성을 겸비하셨고, 온유하면서 추상 같으시고, 종이면서 죽음으로 사망을 정복하는 왕이시다. 우리가 생각하는 성전은 완전한 부류만 드나드는 거룩하고 범접할 수 없는 별세계다. 그러나 시므온과 안나라는 두 꼬부랑 노인에게도 성전은 집과 같은 곳이었다.

둘 다 하나님의 영과 워낙 가까이 동행하다 보니 일생을 성령의 지시대로 찬양과 예언으로 일관했다. 둘 다 적시에 등장했다. 우리처럼 숨 가쁘게 들이닥쳐 휘젓고 다닌 게 아니라 성령의 음성을 듣고 보조를 맞추었다.

그들은 천천히 현재 시제로 살았다. 성령과 동행한 시므온은 하나님을 워낙 잘 알았기에 그분이 내신 길로만 다녔다. 훗날 예수님이 성령께 이끌려 광야로 가시듯이, 시므온도 성령의 감화("드디어 그분이 오셨다")를 영으로 감지하고 성전으로 이끌렸다. 그리하여 메시아의 어머니와 요셉이 입을 벌리고 지켜보는 가운데, 그는 노구의 품안에 아기 예수를 안고 그분을 가리켜 "이방을 비추는 빛이요 주의 백성 이스라엘의 영광이니이다"(눅 2:32)라고 예언했다.

빛과 영광. 이 모두가 작고 초라한 예물과 함께 봉헌된 갓난아이의 몸에 싸여 있었으니, 그 이름은 "여호와께 성결"이다. 그러나 빛과 영광만 있는 것은 아니다. 예수님과 관계된 모든 사람에게는 슬픔과 분열도 따르게 마련이다. "슬픔과 사랑이 섞여서 흘러내리는" 삶이다.[3] 그래서 시므온은 마리아를 보며 그녀에 대해 "칼이 네 마음을 찌르듯 하리니"(눅 2:35)라고 예언했다.

그러나 그 순간 이 가난한 부모에게는 아기와 작은 예물밖에 없었다. 마리아는 아직 산후 조리 중이었다. 모든 것이 연약했다. 안나가 성령의 인도하심으로 일행을 만나 그리스도를 증언한 곳도 아마 성전 층계였을 것이다. 그녀의 슬픔과 오랜 과부 생활은 찬송의 제사로 변했다. 안나는 마침내 예루살렘에 위로와 속량이 임할 것을 인해 하나님께 감사했다.

오랜 세월 그녀가 뿌린 섬김과 사랑이 마침내 열매를 맺었다. 감사가 넘쳐 선포와 예언으로 터져 나왔다. 평생 느긋하게 현재 속에 머물렀기에 가능한 일이다.

시므온과 안나 같은 사람들은 어떻게 이 아기를 알아보았을까? 대다수는 그렇지 못했는데 말이다.

그들은 거창한 것을 구하지 않고 하나님의 임재를 사모했다. 자신의 분수와 한계를 알았다. 늙어서 허리도 휘었거니와 산전수전 겪고 나니 본질만 남았다. 그래서 하나님으로 자족하며 복을 누릴 수 있었다. 그들은 서두르지 않았다. 멈추어 경청하고 주목했다. 그래서 메시아를 단번에 알아보았다.

> **은혜의 이야기에서는 현재 속에
> 머물려면 서두르지 않아야 한다.**

　　은혜의 이야기에서는 현재 속에 머물려면 서두르지 않아야 한다.

＊　＊　＊

우리의 능력은 유한하다. 나이와 성별과 기회의 한계도 있다. 세대 간의 갈등과 정신 질환과 중독도 겪는다. 어떤 인생사는 우리를 뒤흔들어 형통의 방법과 시기와 장소에 제약을 가한다. 우리는 어느 지역과 집에 매여 살면서 사람들과 부대낀다. 불운이나 학대를 물려받은 사람도 있다. 부모가 냉담하거나 아예 부모가 없는 사람도 있다. 돈이 너무 많거나 부족한 사람도 있다. 신분, 특권, 인종, 명예, 재정 등에서 남보다 유리한 사람도 있고 그 반대도 있다.

　　이 모든 한계가 우리를 형성한다. "어떻게 될지 모르는 소중한 한 인생"의 윤곽을 정한다.[4] 마리아, 요셉, 안나, 시므온 같은 사람들은 선택 폭이 좁은데도 형통했다. 반면에 예수님을 찾아온 부자 청년 관원 같은 사람들은 부와 성공과 명예 등 세상의 좋다는 걸 넘치도록 갖고도 시들어 버린다. 여유로운 삶은 특권에 달려 있지 않다. 예수님이 그 청년에게 한 가지가 부족하다며 소유를 팔아 나누어 주라고 하셨을 때, 그는 근심하며 돌아갔다. 우리의 디지털 중독처럼 그의 재물도 선택 폭을 무한히 넓혀 주는 듯했다. 기회가 무궁무진하다는 이 '조금만 더'의 환상은 우리 시대의 자유 내러티브에 경종을 울려 준다.

예수님은 그 청년을 하나님 나라의 경계선 안으로 부르셨다. 그 나라의 삶이 우리가 만족의 출처로 생각하는 '더 많이'보다 훨씬 크다. 자신이 작은 피조물임을 깨닫고 조급증에서 벗어나면, 하나님의 은혜로운 눈길이 우리를 기다리고 있다.

우리의 인간성과 타고난 모든 한계가 목자의 지팡이마냥 우리를 예수께로 이끌어 간다면 어떨까?

한계가 저주가 아니라 복이라면 어떨까?

우리가 화면을 낙으로 삼는 이유는 자신의 죽을 운명을 떠올리기가 너무 괴로워서인지도 모른다. 밀려오는 한계를 속절없이 바라보며 이 몸, 이 순간, 이 감정, 이 장소를 받아들이기가 버거워서인지도 모른다.

몸으로 사는 법을 다시 떠올리고자 내가 하는 작은 일들이 있다. 나라는 존재는 생각과 감정만이 아니므로 산책을 나간다. 욕조에 입욕제 소금을 넣고 내 지친 발에 닿는 온수의 감촉을 즐긴다. 가슴을 포함해 온몸에 천천히 로션을 바른다. 낮에 잠깐 멈추어 우유를 탄 따뜻한 차 한잔을 음미한다. 이렇게 나는 서두르는 습관이나 디지털의 오지랖에서 벗어나 이 순간 이 몸으로 이 장소에 사는 법을 연습한다.

여유로운 삶에 들어가려면 우리가 기억해야 할 것이 있다.

동시에 어디에나 다 가 있을 수는 없다. 우리는 인간인지라 시간, 주의력, 사랑, 갈망에 한계가 있다. 이로 인한 아픔을 전화기로 잠재우려 한다면, 이는 마치 우리가 전지전능하고 무소부재한 하나님인 양 사는 것이다. 아픔을 치유하려면 인간의 좋은 한계를 받아들여야 한다. 가상 현실을 보려는 욕심을 절제하고 현 순간을 살아야 한다. 웬델 베리(Wendell Berry)는 "우리의 무제한 병"을 고쳐야 한다며 이렇게 썼다. "훨씬 오래된 다른 전제에서 다시 출발해야 한다. 지성이 유한한 피조물에게는 한계가 자연스럽고 꼭 필요하다는 전제다."[5] 매 순간 한 곳에서 한 사람으로 사는 법을 연습하는 것이다.

우리의 근본적 정체성은 사랑받는 어린아이다. 냉소적이고 닳아빠진 성인인 우리의 숙제는 자기가 사랑이신 하나님의 자녀임을 새삼 떠올리는 것이다. 아이로 사는 것은 수모가 아니라 초대다. 숨기거나 싫어하거나 부끄러워하거나 창피해할 일이 아니라 "**특권**"이다. 우리의 한계와 육체와 욕구와 갈망은 다 **특권**이다. 디지털 소비로는 우리가 갈구하는 현 순간의 삶을 얻을 수 없다.

사진 속에 우리 네 아이 중 하나가 있다. 햇살이 화사한 날 그

아이로 사는 것은 수모가 아니라 초대다.

는 비탈길을 달려 내려간다. 가슴을 잔뜩 내밀고 싱긋 웃으며 넓은 보폭으로 속도를 낸다. 달리기는 순전한 즐거움이다. 아들은 그 언덕을 달리고 또 달리며 이마를 간질이는 초여름 햇살을 느꼈고, 전력으로 질주하는 팔다리의 쾌감을 즐겼다. 엄마인 나도 따라 웃을 수밖에 없었다. 그 아이는 그야말로 기쁨의 화신이었다. 하늘 아버지의 자녀로 살라는 초대, 그분의 눈길이 머무는 아이의 **특권**도 그와 같다.

우리 아버지는 우리를 현재의 느긋한 삶 속으로 맞이하시고 우리의 하찮은 예물을 받아 주신다. 우리 아버지는 무엇이 우리에게 가장 좋은지를 아시고 사랑으로 돌보신다. 한계를 받아들여 그분의 사랑을 깨닫도록 인도하신다.

기계의 리듬이 아니라 몸의 리듬을 따라 살아야 한다. 우선 화면부터 치워야 한다. 우리는 기다리는 줄이 길 때의 불만을 몰아내기 위해서나, 다툼과 권태와 외로움의 정서적 여파를 잠재우기 위해서 화면을 본다. 예수께로 이끌어 줄 영적 훈련을 부단히 체득해야 할 우리가 화면에 놀아나는 것이다. 살다가 마음이 막막하고 무거워져도 괜찮다. 예수께 이 모습 이대로 우리를 만나 달라고 하면 된다. 막막한 심정을 무시하고 기계에 정신을 팔거나 자신의 고통을 무기 삼아 가상 타인을 괴롭히는 것보다 그게 낫다. 당신은 전화기를 충분히 오랫동안 내려놓고 이 작은 공간에서 하나님 곁에 머물 수 있겠는가?

우리의 한계를 멋진 삶의 걸림돌이 아니라 멋진 삶에 들어서는 문으로 볼 줄 알아야 한다. 어떻게 하면 당신의 실제 삶—실제 몸, 장소, 가정, 나이, 시기, 재정의 한계—을 받아들여 좁은 문으로 들어갈 수 있을지 생각해 보라. 당신의 한계를 쭉 써 보고 그 내용으로 기도하라.

당신은 우리를 사랑하시는 선한 목자의 통치와 지도 아래 살고 있는가? 그분은 아버지를 대면하며 느긋하게 사셨다. 아니면 당신은 스스로 정체성을 지어내야 한다는 끝없는 중압감에 진을 빼고 있는가?

지금은 우리가 다시 아이가 되어야 할 때인지도 모른다.

＊ ＊ ＊

아버지, 누군가 나를 보고 알고 사랑해 준다는 느낌을
아무 데서나 얻으려 한 잘못을 자백합니다.
아무런 주목과 관심도 받지 못한 채
투명 인간이 될 것 같은 두려움에서 저를 구해 주소서.
전화기를 내려놓습니다.
저의 감정, 막막한 심정, 두려움, 분노, 탐욕,

성공하려는 끝없는 몸부림을
그대로 주께 가지고 나아가오니 제 곁에 머무소서.
주님이 정해 주신 난간이 좋은 것임을 깨우쳐 주소서.
저의 작은 예물을 드립니다.
오늘도 그것은 제가 전화기로 해결하려 드는
저의 두려움과 의문과 불안한 마음입니다.
제 안에 느긋한 삶을 창조하소서.
아멘.

04 오이와 물수제비뜨기

기다리라는 초대

우리 가족도 성장을 목격할 만한 무언가가 필요했다. 자라나는 푸성귀를 가꾸며 손에 흙을 묻혀 보아야 했다. 우선 작은 출발점이 필요했다. 이 활동의 관건은 우리 힘으로 결과를 만들어 내는 게 아니라 관찰하는 데 있었다. 그래서 남편이 테라스에 목재로 맞춤형 텃밭을 만들었다.

어느 토요일에 네 아이를 미니밴에 태우고 종묘사로 향했다. 아이들은 크고 작은 과일나무를 원했지만, 텃밭의 바닥이 땅이 아니고 목재인지라 일단 거기에 맞추어 몇 가지 채소와 허브를 골랐다. 토마토, 셀러리, 오이, 바질, 딜, 로즈메리, 고수, 박하 등속이었다. 우선 물이 잘 빠지게 자갈을 깐 뒤 생흙을 채웠다. 모종삽으로 구멍을 파고 모종을 줄줄이 심은 다음 흙을 꾹꾹 눌러 주었다. 딸아이는 초록색 플라스틱 물뿌리개를 힘껏 쳐들고 일일이 열심히 물을 주었다. 아이들에게 성장에는 시간이 걸린다고 말해 주었다. 우리는 함께 식물을 보살피며 인내를 연습하기로 했다.

며칠 안 되어 오이 덩굴이 가장자리를 타고 넘으면서 노란 꽃을 피웠고, 며칠 더 지나자 덩굴 여기저기에 좁쌀만 한 오이가 열렸다. 아침마다 딸은 화단에 나가 채소에 물을 주고는 신나게 계단을 달려 올라와 오이가 얼마나 자랐는지를 손가락으로 내게 보여 주었다. 잎의 색이 누렇게 변하거나 초록색 큰 잎에 구멍이라도 보이는 아침이면 딸의 기쁨도 잠시 꺾였지만, 그래도 후렴구처럼 따라붙는 말이 있었다. "엄마, 아직 오이가 더 있어요!" 우리는 관찰하며 기다렸다. 아무것도 없던 데서 무언가 자라났다. 오이는 기적이었고 기다림은 신비로웠다.

* * *

그런데 나이가 들면 기다림이 불편하거나 불쾌하게 느껴진다. 마트의 계산대에서 고작 2분을 기다릴 때도 우리는 그새를 못 참고 전화기를 꺼낸다. 출퇴근길에는 팟캐스트를 듣고 병원 대기실에서는 잡지를 뒤적인다. 기다림에 수반되는 침묵을 우리는 어찌할 줄을 모른다.

기다릴 줄 모르는 조바심은 새삼스러운 게 아니다.[1] 이스라엘 백성은 모세가 산에서 내려오기를 기다리다 지치고 좀이 쑤셔서 금송아지를 만들었다. 마찬가지로 우리도 잘 기다리지 못한다.

기다려야 한다는 것은 그만큼 우리의 독립과 지식이 유한하다는 증거다. 우리는 시간을 비롯해 우리 소관 밖의 여러 조건에 지배를 받는다. 계절이 그 단적인 예다. 땅에 씨앗을 뿌려도 우리 힘으로 자라게 할 수는 없다. 목재 화단의 오이처럼 금방 싹을 틔워 퍼져 나가는 식물도 있지만, 어떤 식물은 도무지 자랄 기미가 보이지 않는다. 식물처럼 우리에게도 하늘 아버지의 자상한 손길과 그분이 우리에게 허락하신 이런저런 조건이 필요하다. 아무리 계획을 세우고 신중히 선택해도 우리가 삶을 통제할 수는 없다.

우리의 힘도 작용하지만, 기다림이 일깨워 주듯이 최종 권한은 우리 몫이 아니다. 노력과 성취를 중시하며 일정대로 착착 진행해 나가는 사람들에게 기다림은 속수무책의 낭패일 수 있다. 기다림이 우리의 존재와 행위 사이의 급소를 찌르기 때문이다.

부득이 기다려야 할 때면 우리는 근본적 질문인 정체성을 생각해야 한다. 생산적이지 않을 때 나는 누구인가?

기다림이 회피하고 뛰어넘을 문제가 아니라면 어떨까? 정상을 향해 질주하다 부딪치는 낭패가 아니라, 다시금 우리 자신을 좋으신 아버지께 의존하는 어린아이로 보라는 초대라면 어떨까?

잘 기다리는 법을 배우면, 바쁘고 초조한 마음과 늘 뒤쳐져 있다는 느낌에서 벗어날 수 있다. 잘 기다리면 더는 쫓기지 않는다. 속도를 늦추고 자신을 아름다운 피조물로 보게 된다. 우리는 매사에 책임지고 신공을 발휘해야 하는 주인이 아니라 하나님의 선한 창조 질서의 한 부분이다. 기다림 덕분에 우리는 자신을 하나님께 달려가 작물의 상태를 알려 드리는 쾌활한 아이로 볼 수 있다.

기다림은 기쁜 소식이다. 여유로운 삶을 방해하는 장벽이 아니라 그 삶으로 들어오라는 초대다.

기다리는 시간은 낭비가 아니다.

* * *

웬만한 중대사에서 잘 기다리는 법을 배우려 하면, 처음에는 길을 잃은 듯 보인다. 예수님은 공적 사역을 시작하실 때 먼저 요단강에서 세례를 받으셨다. 책장이 찢어지듯 하늘이 열리면서 무리에게 "이는 내 사랑하는 아들이요"라는 성부 하나님의 음성이 들려왔다. 아버지의 말씀에서 기쁨과 애정이 물씬 풍겨난다. 그러니 이제부터 무리는 예수님을 따를 만도 하고, 그분은 드디어 초야의 무명 생활을 접고 인기와 지지를 얻어 모든 차트의 1위에 오르실 법도 하다.

그런데 세례를 받으신 예수님은 성령께 이끌려 광야의 불모지로 가서, 금식하고 기도하며 사탄에게 시험을 받으신다. 마태복음에 보면 시험하는 자가 예수님께 다가와 이전에 하와에게 그랬듯이 뱀의 소리로 그분의 귓전에 속삭이는데, 그 미끼는 지극히 현실적인 식욕의 문제였다. 배고프고 지치고 사람이 그리우신 예수님께 육신의 문제를 손쉽게 해결하라는 사탄의 주문이 들려온 것이다.

사탄은 아픈 데만 골라서 그분의 배와 정체성을 찌르며 이렇게 말한다. "네가 만일 하나님의 아들이어든 명하여 이 돌들로 떡덩이가 되게 하라"(마 4:3). 하나님의 아들로서 얼마든지 권리를 행사하라는 뜻이다. 일찍이 광야에서 하나님은 순종하지 않는 백성에게도 만나를 공급하셨으니, 당연히 하나님의 아들도 똑같은(아니, 그 이상의!) 공급을 누리실 자격이 있다. 예수님은 아버지의 계획을 앞서가 몇 가지 이적과 기사를 행하심으로써 자신이 하나님의 아들이심을 보여 주셔야 하지 않을까? 공복통을 스스로 해결하실 정도의 자격은 있지 않을까?

사탄의 유혹과 예수님의 대답 사이에 시간이 얼마나 흘렀는지 우리는 모른다. 금식으로 그분의 살이 얼마나 빠졌으며, 정체성이란 게 어떻게 야금야금 허물어질 수 있는지도 모른다. 확실한 것은 예수님도 다른 사람들처럼 유혹을 받으셨고, 우리에게 주어진 것과 똑같은 말씀과 성찬이라는 자원으로 광야에서 몸을 지탱하셨다는 것이다. 그분은 자신을 제한하여 아버지의 계획에 충실하셨다. 기다리는 쪽을 택하셨고 잘 기다리셨다. 그분의 답변에 신명기 말씀이 인용된다. "사람이 떡으로만 살 것이 아니요 하나님의 입으로부터 나오는 모든 말씀으로 살 것이라"(마 4:4). 다시 말해서 "고맙지만 사양하겠다. 나는 아버지를 기다리겠다"라는 뜻이다.

잘 기다리신 덕분에 예수님은 아버지의 선하신 마음속으로 더 깊이 들어가셨다. 지레 조급해하거나 열매를 충분히 익기도 전에 따는 것은 고아의 습관이다. 기다린다는 것은 인간의 통상적 한계가 본래 결함이 아니라 우리를 하나님께로 이끌어 주는 난간임을 신뢰한다는 뜻이다.

> **기다린다는 것은 인간의 통상적 한계가
> 본래 결함이 아니라 우리를 하나님께로
> 이끌어 주는 난간임을 신뢰한다는 뜻이다.**

예수님은 어떻게 잘 기다리셨을까? 그분은 하나님의 말씀이 양식과도 **같다고** 우아하게 돌려 말하지 않으셨다. 물론 금식의 여파가 그분의 몸에 영양 부족과 체중 감량 등으로 나타나긴 했지만, 지극히 현실적 의미에서 하나님의 말씀 자체가 양분이 되어 그리스도의 몸을 지탱시켰다. 프레더릭 브루너(Frederick Dale Bruner)의 말대로, 하나님의 말씀은 "아주 깊어서 위장에까지 이를 수 있다."[2] 우리가 하나님의 말씀을 실제로 양분이 되는 음식으로 생각하지 못하는 이유는 아마도 하나님을 사모하기보다 어떻게든 환경을 통제하려는 성향 때문일 것이다.

우리도 잘 기다리는 법을 익히면 어떻게 될까? 그것은 어떤 모습으로 나타날까?

* * *

2020년 봄에 코로나19 팬데믹이 전 세계로 퍼지면서 삶이 정지되었다. 우리 힘으로 막을 수 없는 무서운 병인 데다 병원의 수용 능력도 부족하다 보니 모두들 겁에 질려 직장과 학교를 집 안으로 옮겼다. 처음에는 3주 후면 확산세가 둔화되어 정상 생활이 회복되고 아이들도 다시 학교로 돌아갈 거라고들 했다. 하지만 여러 달 후인 가을 학기에도 대면 수업이 재개되지 않자, 이제 '정상' 복귀를 기다리는 게 우울, 불안, 두려움, 무력감의 롤러코스터를 타는 것만 같았다. 그래도 기다리는 수밖에 없었다.

기다리는 동안 우리는 계속 현실을 외면할 수도 있다. 시간이 빨리 가라고 관심을 딴 데로 돌리거나 그냥 무감각해지거나 자기 안으로만 몰입하는 것이다. 주전부리로 배를 채우거나 영화만 연달아 보거나 온라인에서 정치 논쟁을 벌이거나 가상의 휴가 계획을 짤 수도 있다. 내 능력과 지식의 한계에서 벗어날 수만 있다면 무엇이든 좋다.

반대로 기다리는 동안 고통을 받아들임으로써 지각에 뛰어난 평강을 더 깊이 경험할 수도 있다. 예수님도 그런 식으로 기다리셨다. 사랑받는 아들이라는 정체성을 수용하셨고, 하나님의 말씀을 몸의 양분으로 섭취하셨다. 기다리면 그런 심오한 일이 벌어진다. 기다림은 황량하게 느껴지지만, 그렇게 안락이 다 거두어진 덕분에 자신이 실제로 무엇을 섭취하는지를 알 수 있다.

공복통은 선물이며, 먹여 주실 하나님을 기대하는 것은 자녀 된 우리의 특권이다.

팬데믹이 지속되면서 나는 소파에 앉아 섬뜩한 자각에 이르렀다.

우리 네 아이의 학업에 관한 한 새 학년에도 좋은 방안은 없으리라는 것이다. 그렇잖아도 이런저런 작은 상실이 주머니 속의 돌멩이처럼 느껴졌는데, 이 돌까지 하나 더 넣으면 그만큼 더 무거워지리라. 앞으로도 오랫동안 나는 조용히 일하거나 글을 쓰거나 긴 산책을 나갈 수 없을 것이다. 새 학년이 되어 아이들이 집에서 컴퓨터로 온라인 교육을 받든 아니면 홈스쿨 쪽으로 방향을 틀든, 우리 온 식구는 함께 일하고 배우고 서로 지원하는 법을 배울 것이다. 기다리는 수밖에 없다. "정상"과 학교와 교회와 여러 활동으로 돌아갈 때까지, 다시 계획하고 꿈꾸는 것이 충분히 안전하게 느껴질 때까지 말이다.

무겁게 쌓인 돌멩이가 나를 축 늘어지게 하는 게 아니라 손으로 돌리며 기도하는 묵주와 같다면 어떨까? 부득이 기다려야 할 때 가득 차오르는 모든 불안을 물 위에 던질 수 있다면 어떨까? 마치 하늘 아버지께서 그 확실한 손으로 매끄러운 돌을 들어 호수에 물수제비를 뜨시는 것처럼 말이다. 기다리라는 초대가 하나님이 나를 못마땅해하셔서가 아니라 오히려 나를 **기뻐하시기 때문**이라면 어떨까?

독립이라는 환상의 모든 새로운 한계도 나는 기도로 올려 드릴 수 있다. 매번 한계를 계기 삼아 힘써 말씀을 섭취할 수 있다. "아버지, 앞날에 대한 제 두려움을 받아 주소서. 밤잠을 앗아 가는 이 막연한 기다림도 내어 드립니다. 아버지, 답답해 죽을 것 같을 때도 기쁨을 누리는 법을 가르쳐 주소서."

통제하고 계획하고 꿈꾸는 역량의 모든 한계가 나를 하나님 아버지의 마음속으로 더 깊이 이끌어 준다면 어떨까? 기다림을 예수님과 함께 통과하면 유익이 많다. 그런데 잘 기다리려면 우선 고통의 모양에 이름을 붙여야 한다.

* * *

광야의 예수님처럼 우리도 여리고 유순한 마음으로 하나님의 말씀을 섭취하려면, 용기를 내서 세스 헤인스(Seth Haines)의 말대로 "고통의 모양"을 그대로 그려야 한다.[3] 아프니까 인간이다. 한계를 인정하면 자신이 약하게 느껴진다.

사막처럼 메마른 고통의 공간에서는, 넓은 곳도 우리가 생각하는 것과는 전혀 달라 보일 수 있다. 우리가 있는 곳은 좁은 벽장이고 불도 켜지지 않는다. 여태 생각하던 신앙과는 다르다. 그러나 더 여유로운 삶―신분, 성격, 실적, 가진 것과 없는 것 등이 우리를 규정하지 않는 예수님 안의 참 자유의 삶―에 이르는 길은 언제나 우리를 이끌어 사막을 통과하는 것 같다.

더 여유로운 삶의 틀은 대개 예수님의 일생의 흐름과 일치한다.

월터 브루그만(Walter Brueggemann)은 시편이 정위(定位)에서 혼미를 거쳐 새로운 정위로 나아간다고 보았다.[4] 사막 공간에서 이루어지는 변화가 시편에 묘사되어 있다. 처음에 우리는 자신과 하나님과 우주에 대한 특정한 견해에서 출발한다. 그러다 느닷없는 질병, 유산(流産), 경제 붕괴, 승진 누락, 뉴스에 나오는 세계적 불평등, 인종 간 폭력, 영혼의 무기력함 등으로 인해 갑자기 혼미에 빠진다. 그 상태에서 기다리면 하나님이 우리를 불러, 표면의 한계를 지나 그 이면에 깔린 고통의 모양에 이름을 붙이게 하신다. 그리하여 우리는 새로운 정위로 나아간다.

당신의 고통은 어떤 모양인가? 뻐끔히 벌어져 있는 상처인가? 당신은 고통을 벽장 구석에 처박아 놓았는가? 깔끔하게 분류해서 자신만 아는 설명을 달아 철해 두었는가? 당신의 고통은 집채만 한 그림자로 어른거리는가? 꼼꼼히 계획해서 저장해 두어도 자꾸 불거져 나오는가?

하나님이 생명의 말씀으로 당신을 치유하실 수 있도록, 자신의 고통에 이름을 붙여 보겠는가? 그렇게 할 때, 당신이 억누르려는 고통 속에서 자상하게 당신을 만나 주시는 하나님이 보이는가? 고통을 수용하라. 하나님은 우리를 불러 고통의 모양에 이름을 붙이게 하신다. 그러면 그분이 생명의 말씀으로 우리를 치유하실 수 있다. 우리가 그렇게 하면 그분이 자상하게 우리를 만나 주신다.

* * *

사무실로 급조한 작은 옷방에서 새벽에 남편과 함께 은은한 황색 불빛 아래 앉아 손을 맞잡고 기도했다. 내 잠옷 상의로 눈물이 뚝뚝 떨어졌다. 삶이 온통 오리무중 같았다. 직장과 미래가 불확실한 데다 선택 폭도 좁아져 재정 상태가 불안정했다. 그런데 그 푸근한 조명 속에서 문득 새롭게 안정감이 느껴졌다. 무언가 감미로운 불빛처럼 우리를 따뜻하게 반겨 주었다.

그렇게 우리는 다시금 엎드려 삶을 내려놓았다. 그전에도 우리는 막판에 수천 달러를 채워 주시는 하나님을 보았다. 두려움과 배신의 음침한 골짜기를 지날 때나 우리가 문제를 자초했을 때도 우리를 인도해 주시는 그분을 보았다. 관계의 상처를 치유해 주시는 그분을 보았다.

그래서 그 새벽에 우리는 벼랑 끝에 몰린 심정으로 그 좁은 공간에 앉아 저 앞에 무엇이 있는지도 모른 채, 하나님이 친히 말씀하신 그분의 속성을 상기시켜 드렸다. 때로 그분이 잊으셨을까 싶어서 말이다. 우리는 양식의 말씀을 영원한 말씀이신 그분께 되뇌었다. **두려워하지 말라, 내가 너와 함께함이라**(사 41:10). **내가 결코 너희를 버리지 아니하고 떠나지 아니하리라**(히 13:5). **나는 천 대까지 은혜를 베푸느니라**(출 20:6). **내 이름은 충신과 진실이라**(계 19:11). **내 안에 거하라**(요 15:4). "하나님, 하나님은 이런 분이시니 말씀하신 대로 행하소서."

하나님의 자비가 눈에 보이지 않아도 나는 황색 불빛 아래 손을 맞잡은 채로 말씀대로 고백한다. 데인 오틀런드(Dane Ortlund)는 우리를 향해 끓어올라 넘쳐흐르는 그리스도의 마음을 이렇게 묘사했다. "하나님은 자비가 무궁하시므로 당신의 막심한 후회와 수치심을 여관처럼 지나가시는 게 아니라 집으로 삼아 거기에 거하신다. 당신이 가장 움츠러드는 부분일수록 그분은 더 꼭 끌어안아 주신다."[5] 그래서 나는 말씀이 실제로 믿어질 때까지 그분의 말씀을 주장했다.

그분은 자녀의 외로움과 두려움을 보시고 강하고 든든한 팔로 우리를 품어 주시는 아버지다. 기다리기가 힘들어 얼마나 버틸 수 있을지 모르겠다고 아뢰면, 하나님은 우리의 접근을 막으시기는커녕 오히려 더 위로, 더 안으로 우리를 반겨 주신다.

기다리다 보면 실패와 미래에 대한 두려움, 내 노력으로 부족하거나 자신이 못났다는 두려움, 죄나 유혹을 이길 수 없거나 결코 만족이 없으리라는 두려움 등 우리의 한계가 다 드러난다. 그런데 하나님은 이런 한계를 묵살하거나 고자세로 무시하지 않으신다. 오히려 예수님의 마음은 바로 거기로 끌리신다.

눈물을 흘려도 괜찮다. 때로 절박하게 목메어 울먹이며, 하나님이 말씀하신 그분의 속성을 주장해도 괜찮다. 이 또한 잘 기다리기 위한 노력의 일환이다.

제대로 된 기다림은 또한 애통처럼 보일 수 있다. 애통, 아픔,

잘 기다리면 그것이
정의를 위한 부르짖음이 된다.

우울, 혼란을 하나님께 가져가 발을 구르며 한바탕 퍼부어도 괜찮다(나도 그럴 때가 있다). 황인이나 흑인이 또 피살되었다는 소식에 나는 유색인 형제자매와 함께 그들을 위해 애통한다. 잘 기다리면 그것이 정의를 위한 부르짖음이 된다. 예로부터 하나님의 백성은 "주여, 어느 때까지니이까"라고 부르짖었다. 우리도 예수님의 나라가 완성되기를 기다리며 똑같은 말로 부르짖는다. 정의를 부르짖으며 애통할 때 우리는 잘 기다리는 것이다. 그러면서 우리는 하나님께 그분의 불변의 약속을 상기시켜 드리고, 역사하실 그분을 신뢰하고, 각자의 공동체에서 자비와 정의를 실천한다.

여유로운 공간은 이렇게 안으로 점점 넓어져, 예수님만이 그곳을 채우실 수 있다. 충신과 진실이신 그분께 우리는 그 이름대로 행하시기를 기도한다. 천 대까지 베푸시는 그분의 은혜에 의지하여 이를 악문다. 하나님은 우리와 함께 혼미 속을 통과하시는 분이다. 직접 광야에도 가셨던 분이다.

기다림 자체가 관건은 아니로되, 기다리면 우리 마음이 열려 하나님이 우리 안에 거하실 수 있다. 기다리면서 우리는 본연의 모습

> 기다리면 우리 마음이 열려
> 하나님이 우리 안에 거하실 수 있다.

이 되어 간다. 깊은 고통과 어둠의 틈새로도 황색 불빛이 비쳐 드는 것을 우리 영혼의 작은 공간에서 알게 된다.

* * *

우리 생각에는 환경이 계속 호전되어야만 여유를 찾을 수 있을 것 같다. 하지만 기다리느라 어지럽고 혼란스러워도 아픔을 견디라. 광야의 순간이 없이는 여유로운 삶도 있을 수 없으니 용기를 내라. 그 속을 **통과해야** 한다. 무감각해지거나 달아나거나 억누르거나 막아서는 안 된다.

한계 덕분에 우리 안에 하나님이 거하실 수 있는 집이 생겨나고, 한계 덕분에 기다림 가운데 그분과 나누는 대화의 질이 달라진다. 무제한을 내세우며 마냥 쫓기며 살면, 근본적 갈증을 채워 줄 수 있는 영원한 양식을 외면하는 것이다.

기다리는 동안 우리가 할 일은 대단한 곡예가 아니라 그냥 견디는 것이다. 그분의 손안에 꼭 붙들려 있는 것이다. 그 안전한 바위틈에 쏙 들어와 앉아 있는 우리를 아버지가 보시면, 그분의 표정도 아마 내 딸이 새로 열린 오이를 보고 이렇게 외칠 때의 그 아찔

한 기쁨과 똑같을 것이다. "여기 좀 와 보세요! 신기하지 않아요?"

* * *

그리스도와 함께 광야로 가셨던 성령님,
지금 침묵 속에 기다리오니
제 고통의 모양을 살며시 보여 주소서.
혼미한 광야에서 길을 잃을 때면
제가 성부와 성자와 성령 하나님을
값싼 해답이나 영적 요정으로 이용하곤 했음을 자백합니다.
하나님, 충신과 진실이신 주님으로 족합니다.
제 평안을 환경에 지배당하지 않으며 살고 싶습니다.
예수님, 기다리다 말고 얼른 벗어나
지레 앞서가려는 유혹 앞에서 주님의 의로운 승리를 붙듭니다.
제 연약한 심령을 신실하신 주께서 회복시켜 주소서.
주 그리스도시여, 저와 함께해 주소서.

05 영적 삶은 인스턴트팟이 아니다

안식하라는 초대

유명한 요리사의 조리법을 구해서 냉동 치킨, 자잘한 홍감자, 랜치 드레싱 양념, 국물을 모두 넣고 버튼을 누르라. 그러면 〈젯슨 가족〉(The Jetsons)에 등장하는 로봇이 차려 낸 것만큼이나 순식간에 저녁이 준비된다. 환상적이다. 계란이 삶아지기를 기다리거나 사골 국물을 이틀씩 골 필요가 없다. 말린 콩으로도 몇 시간 만에 칠리 요리를 즐길 수 있고, 돼지 어깨살도 간단히 부드러워진다. 요즘은 인스턴트팟이 대세다. 세상 최초의 "대유행 조리 기구"[1]인 인스턴트팟 덕분에 시간이 절약되고 더 많은 사람이 건강식을 먹을 수 있게 되었다. 그래서 압력솥의 팬이 수없이 많아졌다.

  하지만 나는 인스턴트팟(시간을 절약해 주는 기기는 다 마찬가지다) 때문에 우리의 시간 개념은 물론이고 변화에 대한 인식까지도 변질되지 않았나 하는 의문이 든다. 신제품을 써서 요리 시간이 반감되면, 새로운 경지의 편리함에 익숙해져 통상적 요리에 소요되는 시간과 수고를 외면하게 된다. 노동과 시간을 절약해 주는 모든 기기는 우리를 형성한다. 그러므로 단순히 쉽고 편한가만 따질 게 아니라 그것이 우리를 어떤 사람으로 빚어내는지에 주의해야 한다.

  도구 하나에 대한 의존도가 그토록 높다면, 내가 얻는 것은 무

> **우리는 신속한 변화를
> 기대하다가 좌절에 빠진다.**

엇이고 잃는 것은 무엇인가? 삶 전체도 그런 기기처럼 빠르게 진행돼야 한다고 느껴진다면, 자신의 영적 삶이 한없이 더뎌 보일 때는 어찌할 것인가? 우리가 고치고 싶어 하는 습관은 알고 보면 그 뿌리가 아주 깊다. 죄의 덩굴이 우리의 갈망과 습관과 행동을 휘감고 있다. 그래서 우리는 신속한 변화를 기대하다가 좌절에 빠진다.

✵ ✵ ✵

영적 삶은 인스턴트팟이 아니라 오히려 내 영적 스승의 말대로 인간의 변화 중 가장 느린 분야다.[2] 그렇다면 우리는 어떻게 변화될까? 어떻게 하면 하나님에 대한 지식에서 그치지 않고 그분을 실제로 알 수 있을까? 감정이 엉망이거나 자녀를 잃었거나 이웃이 고통당할 때, 우리는 어떻게 여유로운 삶에 들어갈 것인가?

옛길을 따라가면 된다. 바로 신앙이라는 집을 잘 돌아가고 형통하게 해 주는 매일 매주의 여러 습관이다. 기도, 공예배, 교회 공동체, 성경 읽기, 이웃 사랑 등 평범한 영적 집안일이 우리를 하나님과 서로에게 연결시켜 주고 끈끈한 공동체를 낳는다. 영적 변화는 본래 느려서 때로 눈에 띄지 않지만, 막상 위기가 닥치면 우리에게 안식처가 되어 준다. 비유컨대 영혼의 빨래를 해 두었기 때문에 깨끗한 양말이 준비되어 있다. 안식하라는 초대에서부터 시작하면 된다.

* * *

내가 부유한 신도시에 살던 때에, 무제한의 삶은 커피와 운동으로 시작해서 포도주로 마무리하는 여자들과 같았다. 오후 내내 우리는 아이들을 과외 활동과 공부반으로 실어 날랐다. 사랑을 얻으려고 날씬한 몸매를 유지했고, 식탁에 건강식을 올렸고, 아이들을 꼭 가야 할 데로 보냈다. 하도 종종걸음을 치느라 자신이 어디를 다니는지도 모를 지경이었다. 삶의 실속이 없는 것 같아 우리 중 다수는 사우나에서 마사지를 받거나 쇼핑을 나가거나 독서 모임에 가입하기도 했다. 그렇게라도 활기와 우정과 희망을 얻기를 바랐던 것이다.

남자들은 '멋진 삶'을 확보하려고 장시간 일하느라 자녀의 삶과 단절된 기분이었지만, 그래도 집에 있을 때는 전력을 다했다. 수업을 참관하고, 농구 코치로 봉사하고, 아이들을 데리고 걸어서 등교했다. 직장에서는 모든 수고에 대한 보상으로 휴가를 받아 냈다. 하와이에서 일주일을 보내거나 콜로라도에서 스키를 타면 지칠 대로 지친 영혼이 재충전되기라도 할 것처럼 말이다.

모두가 자녀를 위해, 직장과 취미와 정치적 대의를 위해, 예술이나 사역을 위해 '전력을 다했다.' 그러나 '전력을 다하는' 삶은 언제나 더 많은 시간과 기력과 감성을 요구했고, 그 결과 우리는 기진맥진하여 허탈감에 빠졌다.

한계가 없는 삶은 끊임없이 쫓기며 비교하는 삶이다. 그 배후에 자신의 가치를 늘 입증해야 한다는 의식이 도사리고 있다. 우리는 인스턴트팟 같은 삶에 꼼짝없이 갇혀 있다. 더 열심히 일해서 더 실적을 쌓고 더 많은 것을 하면, 그 재료에서 멋진 삶이라는 진수성찬이 나올 줄로 생각한다. 그것도 뚝딱 초고속으로 말이다.

이렇듯 우리는 자유를 추구하다가 오히려 일의 노예가 된다. 안식이 절실히 필요한데 왠지 안식이 두렵기만 하다.

* * *

얼마 전 일요일에 나는 알람 소리 없이 느긋하게 일어났다. 남편은 마침 자신이 설교하지 않는 주라서 꼭두새벽부터 설교 원고를 들여다보지 않아도 되었다. 대신 자상한 배려로 내게 침대에 앉은 채로 제일 좋아하는 머그잔에 따뜻한 커피를 대접받는 기쁨을 선사해 주었다. 파란색 도기 잔을 손에 들고 침실 창밖을 내다보니 하늘이 연분홍색으로 물들어 있었다. 고요한 집 안에서 하루가 천천히 기지개를 켰다. 나는 하나님께 감사하며 침대에 좀 더 오래 앉아 있었다.

얼마 후 교회 예배에 갔다. 내가 주일학교에서 가르치는 동안 우리 집 중학생 아이가 조교 역할을 했다. 하나님이 오바댜를 통해 주신, 언약 백성을 구원하신다는 약속을 기억하는 시간이었다. 예배 후에 강사 목사 내외와 함께 블루베리 레모네이드와 지중해식 식사를 즐겼다. 집에 와서는 전화기를 다 부엌 카운터의 플러그에 꽂아 둔 채 종일 SNS와 담을 쌓고 지냈다. 낮잠을 자고, 성관계를 하고, 아이들을 즐거워했다. 그리고 디저트부터 먹었는데, 이는 아이들에게 주일(주님의 날)이 얼마나 달콤한지를 기억하게 해 주려는 우리 집의 안식일 풍습이다. 유대교 자녀들이 꿀을 핥으며 잠에서 깨듯이 말이다.[3]

오후 내내 쇠고기를 약한 불에 천천히 익혀서 진한 포도주, 구운 채소, 바삭바삭한 빵과 함께 맛있게 먹었다. 온 가족이 함께 게임도 하고 텔레비전도 보았다. 나는 목욕한 뒤 책을 한 권 들고 침대에 들어가 남편과 함께 "평화로운 밤과 최상의 마무리"[4]를 위해 기도했다. 요컨대 하나님의 안식은 호화롭고도 단순했다.

안식일은 휴식으로 시작된다. 유대 민족은 금요일 해 질 무렵부터 토요일 해 질 무렵까지 안식일을 지키는데, 시작도 끝도 어둑어둑할 때라서 바쁜 일과를 마치고 쉴 수밖에 없다. "바쁜 삶은 영혼을 거칠게 대하지만"[5] 쉼은 우리를 회복시켜 준다. 안식은 잠깐의 회복으로 그치지 않고 이야기까지 되살려 준다. 인간의 모든 한계를 지닌 우리를 다시 하나님의 이야기 속에 들여놓는 것이다. 휴식의 여건과 습관은 우리가 기를 수 있으나 결국 안식 자체는 좋으

> 휴식의 여건과 습관은
> 우리가 기를 수 있으나 결국 안식 자체는
> 좋으신 하나님이 주시는 선물이다.

신 하나님이 주시는 선물이다.

안식일은 우리의 몸과 마음과 영혼이 제자리로 돌아가 피조물의 신분을 즐거워하는 새로운 정위의 날이다. 우리를 지으신 분을 예배하려면 잘 쉬고, 먹고 마시고, 속도를 늦추어야 한다. 우리는 그러라고 지어진 존재다. 자잘한 일부터 큰일까지 삶 전체를 예배로 그분께 돌려 드리고, 안식의 은혜를 선한 것으로 받아들이며, 성령과 동행해야 한다.

* * *

광야의 시험을 거쳐 사역에 착수하신 예수님은 제자들을 부르셨다. 사람을 낚는 어부가 되리라는 그분의 말씀에 그들은 그물을 바다에 버렸고, 제자 생활 초기에 하나님 나라를 가르치시는 그분을 보았다. 그분이 소외층과 나환자와 이방인과 여자를 사역에 받아 주시는 것도 보았다.

그러던 어느 날 그들은 그분이 주님임을 배 안에서 배운다.

예수님이 낮잠을 주무시는 동안 갈릴리 바다에 풍랑이 일었다.

배가 갑자기 파도에 덮이면서 사방에서 물이 들이쳤다. 제자들이 최대한 물을 퍼냈지만 어느새 무릎까지 잠겼다. 노련한 어부인 그들도 이런 풍랑은 처음이었다. 쉴 새 없이 밀려오는 파도와 사납게 휘몰아치는 바람 앞에 그들은 녹초가 되었다. 예수님은 이 와중에 어떻게 주무실 수 있을까? 걷잡을 수 없이 불안해진 그들은 외마디 소리를 외쳐 대며 그분을 깨웠다. "주님! 구원하소서! 죽겠습니다!"[6]

인간 예수님은 부서지는 물보라 속에서 휘청휘청 일어나 그들을 똑바로 보며 말씀하셨다. "왜 이렇게 겁을 내느냐, 믿음이 작은 자들아!"[7]

이어 그분이 산더미만 한 파도를 향해 "잔잔하라"라고 명하시자 바다가 맑고 고요하게 변했다. 쿵쾅거리던 제자들의 심장도 가라앉으면서 '이분은 누구신가?' 하는 의문이 들었다. 그분은 시편 저자의 말대로 "바다의 설렘과 물결의 흔들림[을]…진정하시"는 분이다(시 65:7). 땅과 바다의 주인이시다. 그런데도 그분은 낮잠을 주무신다. "주님은 하늘에서는 주무시지도 않고 졸지도 않으시지만,[8] 이 땅에서는 온전히 인간이기에 주무시기도 하고 졸기도 하신다."

예수님은 자신이 임마누엘 곧 우리와 함께 계시는 하나님임을 보여 주셨다. 그분의 신성은 창조 세계를 다스리시는 능력으로 나타났고, 그분의 인성은 수면 욕구로 표현되었다.

* * *

안식하라는 초대에는 두 의미가 있다. 하나는 육체의 한계를 존중하는 것이고(속도를 늦추고 휴식하고 잔다), 또 하나는 생산용 기계가 아닌 의존적 자녀로서 하나님 쪽으로 새롭게 정위하는 것이다(일을 그치고 안식일을 지킨다).

피조물의 한계 속에서 안식하려면 수면 욕구에 순응해야 한다. 잔다는 것은 연약한 피조물로서 우리의 한계를 인정한다는 뜻이다. 우리는 하나님이 친히 지어 주셨고 돌보아 주시기에 생존할 수 있다. 그래서 잠은 우리의 즐거운 반응이다. 우주의 질서는 늘 은혜가 먼저다. 우리도 먼저 안식과 보호를 받고 나서 그에 대한 반응으로 일한다. 안식하려고 또는 안식을 얻으려고 일하는 게 아니다. 안식이 먼저다.

알다시피 수면의 기능을 우리의 의지력으로 대신할 수는 없다. 잠을 자야 뇌와 근육과 호르몬이 제구실을 하고 세포가 회복되며 기력이 보존된다. 그렇다고 잠이 단순히 건강에 좋고 생산성을 높여 주니까 유용하다는 말은 아니다. 그것은 자기중심의 일을 더 발전시키는 수단으로 보는 것일 뿐이다. 잠은 선물이다.

잠은 우리의 인간성과 신체적 한계를 받아들이는 작은 안식일과도 같다. 수면을 통해 재충전되는 것은 육체만이 아니다. 잠은 "신뢰의 선언이다. 우리가 하나님이 아니라는 고백이고(그분은 주무시지 않는다), 하나님이 아닌 그대로 좋다는 고백이다."[9]

* * *

예수님은 그 아수라장 속에서 어떻게 주무실 수 있었을까? 신약에서 하나님 아버지의 음성이 우리에게 육성으로 들려올 때는 매번 예수님에 대해 이렇게 말씀하실 때뿐이다. "이는 내 사랑하는 아들이요 내 기뻐하는 자니 너희는 그의 말을 들으라." 예수님은 세례를 받고 물에서 올라오실 때, 순전히 아들이라는 이유만으로 아버지의 복을 받으셨다. 그때는 그분이 병을 고치시거나 가르치시거나 기적을 행하시기 전이었다. 그분의 사역과 예배는 **아들**이라는 정체성의 산물이다. 그리스도의 삶 전체가 아버지와의 연합에서 비롯했다. 치유, 지혜, 예리한 진리의 말씀, 자비로운 긍휼의 손길이 다 두 분의 연합에서 흘러나왔다. 그분의 잠도 마찬가지다.

예수님이 주무신 이유는 잠이 필요해서이자 **또한** 아무것도 입증하실 필요가 없었기 때문이다.

당신은 어떤가? 잠이야말로 우리가 하나님의 자녀다워지기 위해 맨 먼저 실천할 수 있는 영적 훈련일지도 모른다. 자신의 가치를 입증해야 하는 사람일수록 잠도 안 자고 몸을 혹사하여 "수고의 떡"을 먹는다(시 127:2).

과로와 바쁜 삶은 어떻게 우리의 안식을 방해할까? 일을 너무 많이 하는 회사 간부나 정치 드라마 속 등장인물을 비난하기야 쉽지만, 우리는 어떤가? 모임, 교회 소그룹, 자녀의 과외 활동, 구제

> **안식은 바쁘게 쫓기는 삶을
> 퇴치하는 몸의 해독제다.**

사역 등의 일정이 과다하지는 않은가? 나 없이는 이 세상 속 하나님의 일이 돌아가지 않기라도 할 것처럼 말이다. 체력의 한계를 초과해 놓고서 잠만 잔다고 곧 안식은 아니다. 안식하려면 의지적으로 과로를 그치고 일주일에 하루는 일을 쉬면서, 우리를 먹여 살리시는 창조주께 의지해야 한다.

안식은 바쁘게 쫓기는 삶을 퇴치하는 몸의 해독제다.

물론 우리는 재능과 청지기 직분을 받았고, 하나님이 이미 하고 계신 일에 동참하는 복을 누린다. 하지만 이런 선한 것들이 우리의 일중독 때문에 정체성의 요건으로 변한다면, 우리는 안식하라는 하나님의 초대에 응하지 않는 것이다. 매일의 적절한 때와 매주의 안식일에 쉬면 무게 중심이 바뀐다. 하나님의 돌보심은 우리가 조달하는 게 아니라 받아 누리는 것이다.

우리가 일중독에 빠지고 산만해지는 것은 그만큼 믿음이 작다는 증거다. 그런데 예수님은 "믿음이 작은" 제자들에게 망신을 주지 않으신다. 오히려 믿음이 크든 작든 관계없이 그들과 우리를 도우신다.

예수님은 우리의 믿음이 강해서 역사하시는 게 아니라 자신의 속성대로 행하신다. 만유의 주인으로서 혼돈에 질서를 이루신다. 우리는 그분의 능력을 입어 자신의 한계를 직시하고 그 속에서 안식해야 한다.

* * *

우리는 불꽃놀이처럼 강렬하고 화려하고 역동적이고 감탄을 자아내는 영성을 원한다. 잠과 안식 같은 실천은 변화를 낳기에는 너무 평범해 보인다. 단조로운 빨래와 설거지와 청소처럼 그냥 쌓아 두거나 외주에 맡기는 집안일과도 같다. 하지만 영적 훈련이란 하나님 가족의 집안일이다. 그리스도인의 삶을 체득하려면 그 방법으로 해야 한다.

시편 저자는 65편에 바다를 다스리시는 하나님의 권능을 묘사한 뒤 이렇게 썼다.

주의 은택으로 한 해를 관 씌우시니
주의 길에는 기름방울이 떨어지며
들의 초장에도 떨어지니. (11-12절)

영적 훈련은 수많은 사람이 지나간 "주의 길"이다. 우리가 이 옛길을 따라가는 이유는 유능한 길잡이가 내신 길인 데다 그동안 지형을 통과하는 아주 확실한 길로 입증되었기 때문이다. 화려하지는 않지만 믿을 만한 길이다.

잠을 충분히 중시하면 그 습관이 우리를 형성한다. 매주 의지적으로 하나님이 주신 시간의 한계에 순응하는 습관도 그렇다. 이런 습관은 우리가 시간의 주인이 아니라 시간의 지배를 받음을 일깨워 준다. 생산성만 따진다면 시간을 잘게 쪼개 효용성을 극대화하겠지만, 우리는 장소에 거하듯 시간 속에 거하는 쪽을 선택한다. 어떻게 일해야 최선인지를 하나님이 우리에게 알려 주신 게 곧 "주의 길"인 만큼, 시간도 그대로만 쓰면 집이나 대성당처럼 거주지와 예배 처소가 된다. 시간에 쫓길 일이 없어진다. 이런 시간 개념 즉 아브라함 헤셸(Abraham Heschel)이 말한 "시간의 건축술"[10]을 기르려면 휴식하고, 안식일을 지키며, 하루 일이 과하지 않아야 한다.

장소에 살 듯이 시간 속에 살면 마음의 여유가 찾아온다. 느리게 흘러가는 아침, 놀 수 있는 기회, 침대에서 마시는 커피 한잔, 예배 후에 바로 떠나지 않고 나누는 교제, 멋진 시 한 구절, 성관계, 좋은 식사, 이 모두가 선물이 되어 우리의 정체성을 일깨워 준다. 잠자거나 안식일을 지킬 때 우리는 내 **행위**로 사랑을 얻어 낼 수 없음을 인정하는 것이다. 정체성은 하나님만이 주시는 하사품이다.

아이들에게 설거지나 세탁기 돌리기나 언어 요리법을 가르칠 때면 나는 단계별로 천천히 한다. 어른처럼 해내기를 기대하기에는 아직 이르다. 잘 모른다고 면박을 주거나 너무 어려운 말로 된 장황한 사용 설명서를 내놓는다는 건 말도 안 된다. 아이들은 아직 "믿음이 작은 자"라서 내가 직접 도와 주고, 세제의 적정량을 알려 주고, 뜨거운 오븐과 스토브를 조심하도록 잘 가르쳐야 한다. 우리도 믿음을 실천하면 "믿음이 작은 자"에서 온 식구의 의식주를 공급하는 집으로 성장한다. 믿음의 실천에는 잠처럼 작은 것도 있고, 24시간을 쉬며 주께 안식일로 지키는 큰 변화도 있다.

안식일과 수면 덕분에 우리는 대성당에 들어갈 때와 똑같은 기대감과 경외심을 품고 하루를 맞이할 수 있다.

예수님에 대한 정보만 아는 게 아니라 그분과 서로 아는 사이가 되려면, 믿음의 습관들을 실천하는 수밖에 없다. 하나님 가족의 자잘한 집안일을 반복해야만 삶의 형편이 답답하고 막연할 때도 여유로운 삶을 누릴 수 있다.

그러니 낮잠을 자라. 당신은 안팎의 풍랑을 잔잔하게 하시는 하나님의 자녀다.

* * *

하늘과 땅의 주님,
안식보다 일을 택하는 잘못을 자백합니다.
저는 믿음이 작아서 자꾸 제 힘으로 하려고 해요.
거창하고 화려한 것을 원합니다.
믿음으로 "주의 길"을 가기보다는

짜릿한 경험으로 심기일전하려 합니다.
하지만 이제 집안일처럼 휴무와 안식 같은 습관을 기르겠사오니
제 작은 믿음을 키워 주소서.
주님만이 저를 안전히 살게 하십니다(시 4:8).
제게 평화로운 밤과 최상의 마무리를 주소서.
밤새 주님이 지켜 주실 것을 알고 편히 잠들게 하소서.
아멘.

06 바닷가에서 연 날리기

즐거워하라는 초대

분홍색 솜사탕처럼 은은한 낙조 아래로 바닷물이 금빛으로 물들었다. 갈매기 떼가 높이 솟아올랐다가 야자수 너머 박명의 땅거미 속으로 급강하했다. 새들은 한 바퀴 빙 돌며 바람 속으로 떨어지더니 다시 떠올라 주변을 맴돌았다. 새처럼 생긴 연 하나가 하늘 높이 날아올랐다.

 우리는 바다가 내려다보이는 높은 언덕에서 소풍을 즐기고 있었다. 저녁 도시락으로 싸 온 육가공품을 꺼내 놓고 포도주를 따랐다. 견과도 곁들였다. 아이들이 뛰어놀 만한 공간이 있었다. 아이들은 연을 보더니 홀딱 반해 버렸다. 어떻게 저렇게 높이 날까? 연실은 얼마나 길까? 왜 나무에 걸리지 않을까? 그래서 웃으며 재주넘기를 하다가 니코를 만났다. 연을 날리는 그는 리바이스 청바지 차림에 레이밴 선글라스를 끼고 있었다. 아이들은 역시 아이답게 스스럼없이 이것저것 물으며 말을 텄고, 그리하여 자기도 모르게 타인의 이야기 속으로 들어갔다.

 니코는 아이들에게 연실을 쥐어 주며, 창공에 공기가 희박하고 옅은데도 연이 바람결에 잡아당기는 힘을 느끼게 해 주었다. 아프가니스탄의 자기 고향에서 아이들이 달리면서 연을 날리던 이야기도 들려주었다. 연 날리기는 바다와 대륙을 건너 샌프란시스코 지역에까지 따라왔고, 여기서도 그들은 연싸움을 하곤 했다. 니코와 그들 안에도 두 문화와 두 이야기가 연들처럼 얽혀 싸우고 있었다. 그의 권유로 나도 그쪽으로 가서 팽팽한 연실을 느껴 보았다. 헝겊 실이라서 높은 하늘의 바다 공기에 점점 젖는다고 했다.

아래로는 바다와 모래의 경계선이 지워졌고, 위로는 날이 어둑해지면서 어미 새들이 새끼를 집으로 불렀다. 니코는 손가락 끝으로 살살 연실을 감아 들였다. 감사를 표하고 돌아와 마저 식사하다가 씩 웃음이 났다. 호젓한 시간을 보내고 싶었는데, 뜻밖의 초대 덕분에 아이들과 함께 붉은 저녁노을과 새들의 비행을 보며 감탄할 수 있었던 것이다.

* * *

하나님이 우리에게 주시려는 여유로운 공간은 생산과 도피의 주기가 아니다. 너무 바쁘게 과로하다가 녹초가 되어 쓰러지는 게 아니다. 그것이야 성취를 지향하는 우리 사회의 리듬이다. 여유로운 삶은 우리의 사고와 육체와 마음을 기계처럼 대하지 않는다. 연신 혹사하다가 재충전해서 다음날 또 쓰는 식이 아니다.

쫓기며 살면 우리는 다시 바쁜 습관으로 점차 돌아간다. 그런 습관은 우리의 시간만 빼앗는 게 아니라 창의력과 성장과 느린 변화 과정 등에 필요한 영혼의 공간마저 앗아 간다.

시작은 이렇다. 우리는 일주일에 닷새는 온 가족이 함께 저녁을 먹기로 다짐한다. 그런데 아들 에즈라가 축구반에 들어가고 싶어 해서 매주 이틀 방과후 운전 시간이 20분씩 늘어난다. 포터의 축구 시간은 (물론) 다른 요일이고, 캠든은 할머니 할아버지와 함께 골프를 시작한다. 교인들의 일정에 맞추어 소그룹 모임도 주중의 저녁 시간대로 옮긴다. 게다가 두어 주마다 남편과 관련해서 갑자기 생겨나는 저녁 모임도 있다. 결국 중간에 한 주도 쉬는 회복기가 없이, 우리 집에서 하기로 수락한 행사가 너무 많아진다.

집에서 보내는 밤이면 우리는 무심코 텔레비전을 켠다. 대화를 나누거나 보드 게임을 즐길 기력이 없기 때문이다. 쫓기는 삶이 내 하루를 호령하는 기준은 마감 날짜와 타인의 기대다. 내 연약한 모습 이대로 당면한 순간, 당면한 일, 당면한 사람에게 집중하지 못하는 것이다. 조금씩 그렇게 되다가 어느새 우리는 자신도 모르게 그 각본대로 살고 있다.

우리는 바쁘게 살면 삶의 의미도 따라올 줄로 알지만, 일정만 빡빡할 뿐 이렇다 할 깊이는 거의 없다. 서두르면 늘 실망하게 마련이다.

자유란 일정을 더 채워서 얻는 만족감이 아니다. 제약이 없다고 자유로운 게 아니라 사랑으로 절제해야 자유를 얻는다. 예컨대 이번 주에 바빴으면 다음 주에는 심신을 회복한다. 밤에 난롯가에서

> 제약이 없다고 자유로운 게 아니라
> 사랑으로 절제해야 자유를 얻는다.

느긋하게 책을 읽는다. 어머니회 모임, 스포츠 행사, 막판의 자원봉사 요청 등을 거절한다.

거절하면 꼭 수락해야 할 때 수락할 여유가 생긴다.

좀 더 여유가 있으면 즐거움이 우리를 반긴다. 우리가 쫓기며 사느라 잃어버리는 즐거움은 우리 아이들이 동네 친구들과 함께 근처의 나무에 짓는 요새와도 같다. 그들은 시간 가는 줄 모르고 기본 도구 몇 개만으로 나뭇가지를 엮어 함께 건축 공사를 벌인다. 톱과 노끈과 마른 나뭇가지만 있으면 어른의 통제에서 벗어난 그들만의 공간을 창의력과 상상력으로 만들어 낼 수 있다. 일이 즐겁다 보니 오히려 한계 내에서 창의력이 진가를 발휘한다.

우리는 한계가 경이감을 막는다고 생각하지만, 사실은 한계 덕분에 경이감이 더 깊어진다. 여유로운 삶에 수반되는 즐거움은 수고에 대한 보상이 아니라 초대다. 우리의 즐거움은 하나님이 우리를 즐거워하시는 데에 대한 반응이다.

당신은 즐거움의 대상이다. 자비롭고 선하신 아버지의 굳세고 든든한 손안에 안전히 붙들려 있다. 실생활 속의 즐거움이 당신을 반기는 이유는 하나님이 당신을 즐거워하시기 때문이다.

* * *

당신이 생각하는 예수님은 약간 수심에 잠긴 근엄하신 구주, 유대 산지를 다니다가 종종 군중을 불쌍히 여겨 병을 고쳐 주시는 "간고[슬픔]를 많이 겪은 사람"일지도 모른다. 그분께 슬픔과 긍휼도 있기는 했지만, 웃음과 기쁨과 즐거움은 어떤가?

예수님과 동석한 식객 중에는 도둑을 비롯한 각종 '죄인'이 즐비했다. 그 어울리는 무리로 보아 종교인들은 그분도 술고래인 줄로 알았다. 이런 식사 자리에서 그분이 사람들의 눈치를 보느라 투명 인간처럼 아무하고도 말을 섞지 않았을 리는 없다. 완전하신 그리스도는 불완전한 그들과 상종해도 부정해지지 않으셨다.

그래서 그분은 마음껏 먹고 마시셨다. 아마 눈물이 찔끔 날 정도로 웃기도 하셨을 것이다. 그분이 육신을 입고 드신 모든 저녁 식사는 먼 훗날에 벌어질 어린양의 혼인 잔치의 전조였다.

그분은 사람들을 즐거워하셨다. 말썽꾼, 술고래, 거짓말쟁이, 사기꾼, 귀신들린 사람, 창녀를 모두 반기셨다. "내가 오늘 네 집에 유하여야 하겠다"(눅 19:5)라고 하시며 악명 높은 세리 삭개오의 집에 자청해서 가신 적도 있다. 가난하고 불우하고 지탄받던 이들이 그분의 깊고 다함없는 환대를 받고는 달라졌다.

어린아이들도 예수님이 안전하고 좋으신 분임을 알고 그분과 함께 있으려 했다. 제자들이 막는데도 그분은 아이들을 곁으로 부르셨다. 그분이 아이들에게 복잡한 신학을 강론하셨을 리는 없다. 내 상상 속의 그분은 재미있는 삼촌으로서 동네 아이들에게 삼촌들이 가장 잘하는 일을 해 주셨다. 함께 놀아 주신 것이다.

이렇게 밑에 깔린 기쁨이 복음서에는 별로 언급되지 않는데, 아마 당연하게 여겨져서일 것이다. 1세기 유대인의 삶이 문화적으로 아득히 멀다 보니 우리는 유대 민족의 시간관념에 내포된 기쁨을 잘 모른다. 예수님은 매주의 안식일과 매년의 각종 절기(초승달 무렵이라 빛 가운데 경축이 무르익었다) 속에서 자라셨다. 이렇듯 하나님의 백성은 모여서 잔치하며 그분의 전체 구원 이야기 속에 들어갔다. 사도 바울의 말처럼 절기는 "장래 일의 그림자", 즉 예수께서 영광 중에 자기 백성과 재회하실 때 베푸실 어린양의 큰 혼인 잔치의 전조였다(골 2:17). B. B. 워필드(Warfield)는 "우리 주님은 '간고를 많이 겪은 사람'이지만 그보다 깊은 의미에서 '기쁨의 사람'이기도 했다"라고 말했다.[1] 복음서에 거의 명시되지 않지만 이런 즐거움은 예수님의 생애를 관통하는 주제다.

모든 잔치와 절기는 우리의 기쁨이 온전해져 하나님의 임재로 만족하게 될 그 마지막 기쁨을 가리켜 보인다. 우리 하나님은 기쁘고 즐거우신 분이다. 삼위일체의 세 위격은 서로의 안에 거하신다. 아우구스티누스의 말대로 삼위일체 하나님, "만유의 궁극적 근원,

가장 완전하신 아름다움, 가장 완전하신 즐거움"[2]은 신비롭게 함께 맺어져 있다. "각자가 각자 안에, 모두가 각자 안에, 각자가 모두 안에 계신다. 그리하여 모두가 계신다." 하나님이 세 분이면서 하나라는 개념이 우리 머리로는 이해되지 않을 수 있지만, 주목할 만한 공통된 은유가 있다. 초기 교회 교부들은 삼위일체를 춤으로 묘사했다. 춤은 동참, 표현, 친밀함, 즐거움으로 가득할 수 있다.

예수님은 굳이 즐거움을 찾으실 필요가 없었다. 뜻밖의 선물이나 아름다운 석양이 불현듯 우리를 즐겁게 하는 것과도 같다. 영원 전부터 그분은 성부 하나님과 성령 하나님으로 더불어 기쁨의 춤을 추셨고,[3] 서로 희생하고 사랑하셨다. 그러다 그분은 비유컨대 춤의 스텝을 옮겨 이 땅으로 내려오셨다. 예수님은 자신을 따르는 이들이 "내 기쁨을 그들 안에 충만히 가지게" 되기를 기도하셨다(요 17:13). 그 기쁨은 배가된다. 그분의 즐거움이 더 큰 즐거움을 낳는다.

그분은 제자들을 불러 자신을 따르게 하셨고, 아이들을 가까이 오게 하셨고, 어울려 앉아 음식을 맛있게 드셨다. 이 모두가 하나님의 온전한 사랑을 즐거워하라는 그분의 초대였다.

*　*　*

즐거움은 하나님께 사랑받는 사람의 마땅한 반응이다. 시편 저자의 말대로 그분의 돌보심은 기쁨에서 비롯한다. "나를 넓은 곳으로 인도하시고 나를 기뻐하시므로 나를 구원하셨도다"(시 18:19). 그분의 기쁨이 공급과 구원을 낳는다. 넓은 곳은 우리가 얻어 내거나 급히 달성하는 결과물이 아니다. 하나님이 우리를 기뻐하심은 우리가 그분의 것이기 때문이다. 그분은 손을 내리뻗어 우리를 안아 올려서 넓은 곳으로 인도하신다. 친히 우리의 피난처, 바위틈, 구원의 뿔, 요새가 되어 주신다(시 18:2). 우리를 즐거워하시는 하나님이 우리에게도 그분을 즐거워하는 법을 가르쳐 주신다.

즐거움이 극에 달하려면 늘 다른 사람이 필요하다. 나 자신을 제대로 보게 해 주는 것은 비교나 자책의 말이 아니라 남편의 사랑의 눈길이다. 즐거움은 우리를 하나님께 사랑받고 구원받은 자녀라는 근본적 정체성으로 도로 부른다. 게다가 즐거움은 으레 무엇을 낳던가? 놀이다. 눈여겨보았는지 모르지만, 놀 줄 아는 사람은 냉철하고 빈틈없고 급하고 조마조마한 성인이 아니라 당당한 아이다.

놀이는 하나님이 우리를 즐거워하시는 게 뼈저리게 느껴질 때 따라 나오는 반응이다.

브라질의 신학자 후벵 아세베도 알비스(Rubem Azevedo Alves)의 말처럼, 세상을 지배하는 것은 생산과 소비인데 놀이가 그 구도를 깨뜨린다.[4] 즐거움은 우리의 인간성 중에서 소비 대상이 아닌 부분을 되찾아 준다. 예컨대 옷감을 매만지는 손가락이 그렇다. 유리잔 부딪히는 소리나 아이의 웃음소리, 특정한 담요나 꽃다발의 감촉,

> 놀이는 하나님이 우리를 즐거워하시는 게
> 뼈저리게 느껴질 때 따라 나오는 반응이다.

신문 칼럼의 치밀한 문장 등이 주는 즐거움도 있다. 새나 연이 창공에 그리는 곡선은 또 어떤가.

지난여름에는 기온이 어찌나 높던지 내가 하는 말마다 짜증이 묻어났다. 정말 짜증났던 것이다. 그래서 네 아이에게 수영복을 챙기게 해서 함께 동네 수영장으로 걸어갔다. 물가에서 책을 읽은 게 아니라 물속으로 뛰어들었다. 찬물로 신경과민도 가라앉히고 피부도 식히고 싶었다. 아이들이 물장구치며 노는 동안, 수영장의 오톨도톨한 벽 상단을 두 발로 밀어 백 다이빙을 했다. 쭉 뻗은 등과 허리로 물살이 느껴지면서 코로 물이 들어왔다. 문득 어린 시절 물속에서 살던 기분이 되살아났다. 여름날이면 눈이 충혈될 때까지 수영장에서 상어와 잉어 놀이를 하다가 잔돈으로 초코바와 탄산수를 사 먹곤 했었다. 숨을 참고 아이처럼 물속에서 물구나무를 서 보았다. 수영장을 가로지르며 아이들과 함께 추격전도 벌였다. 달성할 목표 따위는 전혀 없이 웃음꽃이 만발했다.

염소로 소독된 찬물 속에 떠 있으니 마음이 가벼웠고, 유년의 리듬에 몸을 맡기니 더 가벼웠다. 너무 열심히 일하다가 영화 채널로 피하거나 옷방에서 몰래 초콜릿을 먹는, 생산과 도피의 주기가 아니었다. 놀이는 그 주기를 깨뜨린다. 놀이는 다시 우리를 푸른 초원이나 하다못해 수영장으로 나서게 한다.

* * *

하나님이 우리를 기뻐하시듯이 우리도 그분을 기뻐할 수 있을까? 내가 쫓기는 삶을 충분히 오랫동안 버리고 속도를 늦추어 아이들과 함께 놀면, 우리 관계의 직물이 더 쫀쫀해진다.

모험은 놀이의 주요소다. 당신도 어렸을 때 오랜 시간을 들여 자전거 타는 법이나 용기를 내서 정글짐에 오르는 기술을 배웠을 것이다. 처음에 아이는 손을 뻗어 정글짐의 첫 가로대를 잡으려 한다. 넘어져도 계속 시도한다. 그런 아이를 보고 정글짐에 실패했다고 말하는 어른은 없다. 분명히 아이는 연습을 통해 배우는 중이다. 아이는 또 그네가 재미있을 것을 본능적으로 안다. 그래서 즐거움이라는 최종 목적을 위해 연습을 반복한다. 그네를 타면 하늘을 나는 기분일 테니 어서 배우고 싶은 것이다.

그래서 나도 마치 정글짐을 배우듯 하나님을 즐거워하는 첫 모험의 동작을 연습한다. 이 질문으로 씨름한다. 하나님과 함께 놀 수 있을까? 행동하려는 충동을 자제하고 그분 곁에 있는 법을 연습할 수 있을까? 그게 어색하게 느껴지고 그분의 음성을 잘 들을지 자신이 없더라도 말이다.

나는 말없이 앉아 숨을 들이쉬고 내쉰다. 첫 제자들을 부르시던 예수님을 생각한다. 그들은 무언가에 자석처럼 끌려 저마다 그물이나 세관을 버렸다. 내 상상 속의 그분은 물가를 거니시다가 외마디 말을 그물처럼 툭 던지신다. "나를 따르라."

예수라는 사람에게 인생을 걸면 무슨 일이 벌어질지 그들은 몰랐다. 어쩌면 모험 속으로 날아가거나 뛰어내리는 기분이었을 것이다. 뛰어내리면 그분이 잡아서 붙들어 주실까? 그렇지 않더라도 그들은 흙을 털고 씩 웃으며 다시 도전할 것인가?

나는 성경과 여러 오래된 기도문의 표현을 빌려 와, 이런 유서 깊은 말을 되뇐다. "믿음 없는 두려움과 세상적 불안에서 우리를 지켜 주소서. 영원한 사랑의 빛이 덧없는 삶의 먹구름에 가려지지 않게 하소서."[5] 내 기도를 그림으로 그려 본다. 산책하면서 햇빛을 향해 미소를 건네 본다. 하나님도 그분이 지으신 세상을 보며 함께 웃으실 것 같다. 물속에 들어가 있던 그 순간도 떠올려 본다. 그분이 '외부의 염려에서 지켜 주시는' 상태가 어쩌면 그 고요한 수중처럼 느껴질지도 모른다. 쫓기는 삶을 버리면 우리도 하나님의 영원한 사랑을 덧입을 수 있다. 다만 모험을 감수해야 한다. 다음번 정글짐에 몸을 내던져야 한다.

행동에 나서기 전에 그분과 함께 있는 것, 노심초사하기보다 기도하는 것은 쫓기는 삶과는 반대되는 습관이다. 이런 습관을 기르면 내 믿음의 근육이 튼튼해진다. 그래서 그날 저녁 바닷가에 다녀온 뒤로 갑자기 우리 삶에 날벼락이 떨어져 변화와 과도기를 거쳐야만 했을 때, 나는 친구들의 질문에 이렇게 답했다. "응, 우리는 괜찮아. 앞일은 우리도 모르지. 약간 자유 낙하처럼 느껴져." 하지만 다른 것도 있었다. 수십 년 동안 경험해 온 하나님의 신실하심을 점점이 이어 보면, 그 와중에도 안전하게 느껴지는 부력(浮力)이 있었다.

그분은 우리를 저버리신 적이 없이 늘 우리와 함께 계셨다. 약속하신 적은 없지만 의식주도 늘 채워 주셨다. 그동안 그분은 우리에게 정말 임마누엘이었다. 돌보시는 하나님, 웃으시는 하나님이었다.

* * *

종류를 불문하고 놀이는 안전할 때 자라나서 한계 덕분에 만개한다. 우리 눈에는 모험이 아주 심각하고 무서워 보인다. 하지만 하나님은 놀이터 벤치에서 지켜보시며, 계속 도전하는 우리를 향해 미소를 지으실 것이다. 그분이 보고 계시니 우리는 결국 안전하다. 지금 우리는 이쪽을 놓고 저쪽을 잡으려고 공중에 떠 있다. 그렇게 손을 놓고 있는 동안에도 그분이 받쳐 주심을 기억한다. 기도, 성경 읽기, 성찬식, 모임을 통해 우리는 언제고 집으로 돌아갈 수 있다. 소속된 데가 있기에 마음 놓고 놀 수 있다.

> **놀이는 인간의 가치와 진가를 생산물로
> 따지는 데 맞서는 저항 행위다.**

당신의 삶에 놀이가 남아 있는가?

놀이에 실력은 필요 없다. 하나님은 우리를 바라보시는 아버지이며, 놀이는 그분 안에 있는 우리의 확실한 정체성에서 그냥 흘러나온다. 예수님의 날개 아래 모여 바깥을 살피는 병아리처럼 되려는 마음에서 비롯한다(눅 13:34). 좀 서툴러도 괜찮다. 나는 여섯 살 난 딸아이와 함께 인형 놀이를 하노라면 방법을 몰라 애먹는다. 그래서 오빠들하고 놀라고 아이를 밖으로 내보낼 때가 더 많다. 즐거움의 근육이 약해져 있음을 놀면서 깨닫지만, 어쨌든 우리는 계속 시도할 수 있다.

결국 놀이는 인간의 가치와 진가를 생산물로 따지는 데 맞서는 저항 행위다. 놀이가 일깨워 주듯이, 인간에게 존엄성이 부여된 이유는 창조 세계 자체가 하나님의 놀이 행위이기 때문이다. 무한하신 그분만이 우주에 아무도 모르는 은하를 가득 지으시고, 깊은 바닷속에 머리로 불빛을 쏘는 물고기를 살게 하시고, 치타와 나무늘보와 생태계와 자연법을 창조하실 수 있다.

그렇다면 유한한 우리는 어떤가? 유한한 인생을 무한하신 하나님께 의탁하는 쪽으로 우리의 정체성을 형성해 주는 습관들이 있는데, 놀이도 그중 하나다. 심신의 피로, 모험에 대한 두려움, 요리 실력이 없거나 자녀와의 인형 놀이에 서투르다는 점 등을 받아들일 때 우리는 자신이 생산 기계가 아님을 상기하는 것이다. 우리는 인간이며, 나아가 좋으신 아버지의 든든한 손안에 붙들린 사랑받는 자녀다. 그분은 우리를 뛰어내리게도 하시고 날아오르게도 하시지만 결코 손을 거두지는 않으신다.

그러니 문장을 가지고 놀라. 부엌에서 춤추라. 무언가 새로 배우라. 사람을 대화에 끌어들이라. 도약할 때도 당신은 그분의 손에 붙들려 있다. 이 고백을 갖가지 소소한 방식으로 표현하라.

당신에게 놀이가 "나는 내 생산물이나 지식이나 인맥이나 출세가 아니라 그 이상의 존재다"라고 담대히 주장하는 혁명적 방식이라면 어떨까? 당신은 얼마든지 실없어지거나 웃음거리가 되어도 괜찮다.

바쁜 일정을 기준으로 자신을 평가하던 것을 그만두면 어떨까? 니코의 연처럼 당신도 탁 트인 공간을 누비고 놀면서도 자비로우신 아버지의 손에 꼭 붙들려 있다면 어떨까? 기쁨의 춤처럼 자유로울 것이다. 본연의 임무에 충실한 기분일 것이다. 당신은 긴 줄로 그분께 이어져 있어 안전하다. 아무것도 입증할 필요 없이 그냥 놀면 된다.

　　　　　　＊ ＊ ＊
　　　　　주 그리스도시여,
주님은 아버지의 애정을 즐거워하며 소박하게 사셨고,
살아 계신 하나님의 길을 걸으며 자족하셨습니다.
　　그런데 또한 즐거움은 영원 전부터
　　삼위일체 하나님의 춤이었지요.
　　저도 주님의 애정 속에 푹 잠겨,
　　담대히 제 자아를 주께 송두리째 드리게 하소서.
놀 줄 알게 하시고 다른 사람들도 끌어들이게 하소서.
　　저를 꼭 붙들어 주시니 감사합니다.
　　　　　아멘.

07 사랑은 칵테일 파티가 아니다

주목하라는 초대

내게는 버리고 싶은 나쁜 습관이 있다. 가장 최근에 읽었거나 생각한 내용을 방에 들어서자마자 모두에게 말하는 버릇이다. 멋지게 차려 입고 칵테일 파티에 참석 중이라면 그래도 괜찮겠지만, 내 삶은 칵테일 파티가 아니다.

생각해 볼 만한 주제들을 꺼내서 하나로 꿰는 게 나한테야 재미있을지 몰라도, 대개는 카나페 요리를 곁들인 재치 있는 농담이라기보다 불도저식에 더 가깝다. 독서, 스포츠 시청, 집안일 등 다른 일을 하는 중인 가족들에게 불쑥 나타나 오늘의 정보를 늘어놓는 나는 주목하는 행위와는 거리가 멀다. 오히려 나 때문에 그들의 주목이 끊긴다. 아는 바를 모두에게 말해 주거나 처리할 일을 어서 끝마치고 싶은 마음에, 정작 눈앞에 있는 사람을 홀대하기 쉽다.

나는 눈여겨보지 못했다. 자신에게 주목하는 것과 똑같이 다른 사람에게는 주목하지 못했다.

흔히 우리는 이것을 자신의(또한 어쩌면 다른 사람의) '특이한 성격'으로 치부한다. 하지만 그러면 삶 전체를 보는 기준이 하나님을 사랑하고 이웃을 사랑하라는 예수님의 두 가지 다림줄이 아니다. 경청하지 않으면서 어떻게 이웃을 사랑할 수 있겠는가?

(다양한 아이디어와 의견을 기탄없이 나누느라) 서로 말허리를 끊으며 만족을 느끼는 집단도 있지만, 나와 함께 사는 사람들은 그렇지 않다. 그래서 이웃을 사랑하려면 불특정한 사람들이 아닌 '지금 이 사람'에게 주목해야 한다. 내 경우 은혜 안에서 자라 가려면 자기를 표현하지 않고 절제해야 한다. 자기를 표현하더라도 사랑의 범위 내에서 해야 한다. 나는 사랑도 훈련임을 배우는 중이다. 사랑은 경계선 안에서 가장 빛을 발한다.

나라고 전혀 주목하지 않는 건 아니다. 주목하고 싶은 것에는 얼마든지 주목한다. 하지만 주목도 자유처럼 남에게 베풀어야 한다. 시몬느 베이유(Simone Weil)의 말처럼 주목도 일종의 기도라면, 나는 기도를 마다하며 사는 편이다. 내가 멈추어 일단 듣고 보고 주목한다면, 더불어 사는 우리의 삶이 어떻게 달라질지 궁금하다.

* * *

예수님의 사역은 곧 주목하는 사역이었다.

한번은 그분이 회당에서 가르치다가 갑자기 멈추신다. 모두 무슨 일인가 보려고 고개를 돌린다. 몸이 꼬부라져 펴지 못하는 여자가 그분의 눈에 띈다. 그분은 눈여겨보실 뿐 아니라 거룩한 일을 하다 말고 그녀에게 주목하신다. 이 또한 거룩한 일이다. 그분은 그녀를 불러 장애의 귀신에서 놓여나게 하시고, 여자는 똑바로 서서 하나님을 찬송한다.

또 한번은 예수께서 밤중에 찾아온 니고데모의 두려움을 보신다. 그분은 니고데모가 너무 두려워서 차마 꺼내 놓지 못하는 의문에 답하시며, 구원이 성령의 바람을 통해 임한다는 것과 그가 거듭나야 함을 일러 주신다.

그분은 부정한 사마리아 여인도 그저 한 집단의 전형이나 유대인의 사상적 적이 아니라 하나님의 형상으로 보신다. 구구절절 아름다운 말씀으로 그녀에게 수치심 대신 생수를 베푸신다.

그분은 버림받고 잊힌 존재인 아이들과 여자들을 보신다. 가난한 이들에게 먹을 것을 주신다. 백부장의 아들을 고쳐 주신 뒤, 갈릴리 선지자인 그분의 지배 민족이자 지위도 높은 이 아버지의 믿음을 칭찬하신다. 어디를 가시든 예수님은 사람들에게 무시당하는 빈민과 소외층과 과부를 보신다. 그분의 긍휼에 찬 주목에는 종종 치유가 수반되는데, 특히 사회에서 버려진 이들에게 치유를 베푸신다.

그분은 고위층도 보신다. 권력과 지위로 인간의 보편적 한계를 뛰어넘으려 하는 교만하고 콧대 높은 종교 지도자들에게 경고의 말씀을 주시거나 회개를 권유하시거나 비유로 그들의 혼탁한 마음 상태를 보여 주신다.

예수께서 들려주신 선한 사마리아인의 비유에 보면, 제사장과 레위인은 율법의 자구와 거룩한 직무에만 주목한 데 반해 사마리

> **누구나 예수께 끼어들 수 있다.**
> **그분은 사람들에게 시간을 내신다.**

아인은 길가의 피 흘리는 사람을 보살핀다. 그의 주목하는 습관이 목숨을 살린다.

누구나 예수께 끼어들 수 있다. 그분은 사람들에게 시간을 내신다.

예수님의 사역이 곧 주목하는 사역이었던 이유는 그분이 먼저 성경과 기도를 통해 아버지의 음성에 주목하셨기 때문이다. 그분은 아버지의 심장 박동을 알고 그 안에 거하셨다. 그래서 다른 사람들도 보실 수 있었다.

복음서를 읽을 때 잊지 말아야 할 것이 있다. 예수님의 일생은 대부분 조용했다. 가난한 부모 밑에 태어난 그분은 가업을 이으셨고, 율법을 읽고 묵상하셨고, 기도하셨다. 그것이 일과의 태반을 차지했다. 그분은 가족들의 요구에 응하셨고 가사에 충실하셨다.

공적인 사역에 들어서기 전의 세월은 그분을 깊이 형성했다. 알다시피 예수님은 조용한 삶을 힘써 가꾸셨다. 가르치고 치유하는 순회 사역 중에도 자주 한적한 곳으로 물러나 기도하셨다. 알다시피 그분은 아버지를 사랑하셨고 말씀을 잘 아셨다. 그래서 열두 살

때 벌써 지혜와 권위로 율법 교사들을 놀라게 하셨다.

오늘 우리는 쫓기는 삶을 충분히 오랫동안 멈추고 자신의 영혼과 하나님의 고요한 음성에 주목할 것인가?

* * *

인터넷 창을 항상 스물다섯 개나 띄워 놓고, 일정에 여백이 없으며, 10년 계획까지 다 짜여 있으면, 주목이 멀리 달아날 만도 하다. 팟캐스트를 들으면서 저녁을 짓다가 동시에 식기 세척기를 발로 닫고 아이들 숙제까지 봐 주려 한다면 말이다.

현대 서구 세계는 숨 가쁘게 빠른 삶을 자유의 보증 수표로 제시한다. 지금 바쁘게 살면 나중에 쉴 수 있다는 것이다. 우리가 고대하는 더 넓은 곳은 미래의 어느 날에 있다. 우선 승진부터 하거나 휴가를 받거나 자녀가 독립해서 나가야 한다. 하지만 일상생활이 부산해서는 "지각에 뛰어난 평강"을 누릴 수 없다. 걸핏하면 다른 사람에게 화내고, 내면의 동요를 떨칠 수 없고, 코르티솔(cortisol; 부신 겉질에서 분비되는 호르몬의 하나. 항염증 작용이 있어 각종 염증성·알레르기 질환 따위에 이용한다—편집자 주) 수치가 높아지고, 위화감이 든다. 우리는 쫓기며 살아간다. 그러나 존 마크 코머(John Mark Comer)가 일깨워 주듯이 "조급증과 사랑은 공존할 수 없다."[1] 타인에게 주목하는 게 사랑이라면, 조급증은 우리의 사랑이 안으로 굽어 있을 때가 더 많다는 증거다.

우리는 소원 성취는 고사하고 일정표의 일도 다 끝내지 못하는 것 같다. 그러나 주목할 줄 알면, 시간의 유한성을 인식하고 그 시간을 예수님처럼 사랑과 기도에 쏠 수 있다. 주목을 실천할 때 우리는 시간의 한계를 받아들이는 것이다.

* * *

불안해서 어찌할 바를 모르는 이 21세기에는 주목이야말로 확실한 사랑의 방식이다. 주목을 어떻게 사랑의 행위로 실천할 수 있을까? 시간의 한계를 어떻게 받아들일 수 있을까?

좋은 진단 질문이 있다. 당신이 가만히 있으려 할 때 벌어지는 일은 무엇인가? 의심이 피어오르는가? 그냥 딴청을 피우려고 전화기를 집어 드는가? 자신이 '자격 미달'이라서 '부족하게' 느껴지는가? 억누르거나 관심을 딴 데로 돌리지 말고 당신 영혼 안의 조급증에 주목하라. 그러다가 다시 예수께 주목하라.

알다시피 그분은 풍랑을 잔잔하게 하셨고, 나환자 시몬의 집에서 식사하셨고, 삭개오를 부르시며 나무에서 내려와 함께 먹자고 하셨다. 당신은 침묵 속에 하나님과 함께 앉아 있을 수 있는가? 복음서의 이런 이야기를 읽으며 당신에게 그리스도의 주목이 필요한 부분은 어디인지 하나님께 여쭐 수 있는가? 예수님이 당신을 내려오라고 부르시거나, 당신의 죽어 가는 부분을 만져 주시거나, 영적 탄산수로 배를 채우는 당신에게 생수를 베푸셔야 하지는 않는가?

우리도 길가에 널브러진 그 남자, 출혈이 멎지 않는 그 여자, 앞을 보지 못하는 그 남자, 수치심에 기가 꺾인 그 여자다. 이 사실을 절실히 깨닫는 순간, 주목에 대한 궁금한 질문이 터져 나온다.

나의 실태는 어떠한가?

내게 필요한 것은 무엇인가?

예수님이 보시거나 치유해 주셔야 할 부분은 어디인가?

그분은 자비로운 시선으로 우리를 훤히 다 보신다. 사랑의 눈길로 우리 영혼의 상처를 싸매시고 우리를 넓은 곳으로 인도하신다. 성령께서 온전한 사랑으로 바라보시기에, 우리는 자신이 사랑받는다는 사실에는 물론이고 자신의 모든 부족한 모습에도 주목할 수 있다. 그분은 우리를 회개로 이끄신다. 우리 자신을 주목해야 할 부분이라면, 시간의 한계를 존중하지 않거나 영혼을 잡동사니로 채우거나 하나님과 사람들 곁을 급히 지나쳐 버리는 것 등이 있을 수 있다.

예수님을 따르던 성경 인물들의 삶과 우리의 쫓기는 삶 사이에 커다란 괴리가 있다. 우리는 교회에 다니고 가끔씩 성경도 읽겠지만, 예수님이 약속하신 쉬운 멍에를 누리지 못한다. 왜 그럴까? 달라스 윌라드(Dallas Willard)는 이렇게 말한다. "인간의 보편적 실패는 옳고 중요한 것을 원하면서도 정작 옳은 행동을 낳을 만한 삶에 힘쓰지 않는다는 것이다. 우리는 어떤 상태를 누리고 싶다면서도 거기로 가지 않는다."² 여유로운 삶을 원한다면 우리 영혼의 움직임, 하나님의 말씀, 주변 사람들 등에 꾸준히 주목하면 된다.

우리가 속도를 늦추고 주시해야 할 사실이 있다. 우리는 바쁜 삶의 성과를 예수님의 느린 길보다 더 중시한다. 다른 사람을 진득하게 바라보는 일, 하나님과 교제하며 그분의 뜻을 여쭙는 일, 슬프거나 화나거나 혼란스러울 때 가만히 자신에게 주목하는 일 등에는 힘쓰려 하지 않는다. 허둥대기라도 해야 더 안심이 된다.

용기를 내서 우리 영혼의 어두운 벽장에서부터 시작하자. 바쁜 삶 속에 감추어 둔 부분들을 예수께 치유해 달라고 하자. 자신이 고갈되어 쓸모없어졌다거나, 더는 젊고 아름답고 활기차지 못하다는 두려움일 수도 있다. 쫓기며 살아온 지 너무 오래되어 꿈과 갈망을 다 잃었는데, 그대로 들통날까 봐 두려울 수도 있다.

예수님이 우리를 만져 주시고 성령께서 우리를 깨워 주셔야 한다. 이제 우리는 주목할 줄 모르는 자신을 보며 조급증을 회개할 수 있다. 그리스도의 자상한 손길로 우리를 깨워 주시기를 기도할 수 있다. 사랑의 삶, 즉 하나님과 이웃에게 주목하는 삶으로 이끌어 주시기를 기도하는 것이다.

당신은 한 번뿐인 짧은 인생을 어떻게 살 것인가? 제한된 시간을 어떻게 쓸 것인가? 과감히 주목하겠는가?

* * *

요한복음 12장에 보면 베다니에서 마리아가 장례 향품으로도 쓰이는 값비싼 향유 한 근을 예수님의 발에 붓는다. 그녀는 긴 머리를 늘어뜨리고 방에 들어온다. 옥합이 깨지는 소리 외에는 좌중이 조용하다. 그녀가 우선 손으로 예수님의 발을 문지르자 향유가 두루 퍼진다. 발에서 뚝뚝 떨어져 바닥을 적신다. 실내에 향기가 가득하다. 이제 그녀는 그분의 발을 머리털로 닦는다. 쳐다보는 남자들의 입이 쩍 벌어진다.

너무 낭비 같다. 게다가 사사로운 행동을 이렇게 공개적으로 하다니, 식객들은 앉은 채로 멋쩍게 몸을 뒤척인다. 사랑은 우리의 속을 들추어낸다. 우리는 비판한다. 그런 사랑에 거리를 둔다. 가룟 유다가 의뭉스레 묻는다. "이 향유를 어찌하여…팔아 가난한 자들에게 주지 아니하였느냐"(요 12:5).

마리아의 예배와 아낌없는 사랑은 예수님이 여태 그녀에게 주목하신 결과였다. 사역의 과정에서 그분은 그녀를 보셨다. 그녀의 죽은 오빠를 다시 살리셨고, 발치에 앉은 그녀에게 가르침을 주셨다. 이제 그녀가 그분께 주목한다. 자신의 주님이자 왕이신 그분께 기름을 붓고 경배한다. 자기도 모르게 그분의 몸에 장례 준비까지 해 드린다.

왕이신 예수님이 우리에게 주목하셨고 성령께서 우리 눈을 뜨게 하셨기에, 이제 우리도 자신을 제대로 보고 상처에 치유가 필요

> **작은 주목의 행위도 그리스도의
> 향기가 되어 상처를 싸매 줄 수 있다.**

함을 안다. 그래서 더 깊이 예배로 이끌린다. 예배는 매일의 성경 읽기와 기도처럼 평범할 수도 있고, 낭비 같아 보이는 값비싼 희생일 수도 있다. 결국 예배가 흘러넘쳐 "향유 냄새가" 우리의 삶이라는 온 "집에 가득하"게 된다(요 12:3). 주님을 예배할수록 밖으로 나가 다른 사람들에게 주목하게 되는 것이다.

작은 주목의 행위도 그리스도의 향기가 되어 상처를 싸매 줄 수 있다. 지난봄에 한 친구가 내게 주려고 양초 하나와 유기농 차 한 통을 사서 불쑥 우리 집에 들렀다. 눈물이 핑 돌았다. 그녀는 양초의 향에 약간 불만을 표했지만 나는 주목받은 심정이었다. 다른 친구는 내가 실망스러운 소식을 접했을 때 잠시 기도해 주어 내 꿈을 되살려 주었다. 이처럼 작고도 의미심장하게 주목받기는 오랜만이었다.

몸자세, 어조, 잠깐의 시간 등 작은 것으로도 주목할 수 있다. 아이에게 말할 때는 몸을 낮춘다. 집안일이 팽개쳐져 있어도 격앙된 어조를 삼간다. 슬픔에 잠긴 가정에게 저녁을 사 주고, 내 삶이 버거울 때는 다른 사람이 챙겨 주는 음식을 기쁘게 받는다. 이런 작은 실천으로 이웃을 바라보면 주목의 근육이 튼튼해진다. 그래서 점차 우리 눈에도 예수께서 보신 사람들이 들어온다. 우리가 바쁘게 쫓기며 사느라 너무 빨리 지나쳐 버리는 소외층이다. 우리는 부모가 외국인 보호소에 수용되는 바람에 부모와 떨어져 있게 된 자녀들의 사연에 주목한다. 목소리를 낼 수 없는 사람들의 사정을 우리의 자원으로 대변하여 당국의 주목을 이끌어 낸다.

예수님의 친구라면, 향유를 허비했다고 비난하기보다 언제라도 향유를 쓸 줄 아는 사람이다. 우리도 그분의 친구가 되려면 자신과 하나님과 타인에게 주목해야 한다.

하나님의 음성이 들려오지 않는 이유는 우리가 주목하지 않아서인지도 모른다. 언젠가는 쓸데가 있겠지 싶어 집에 잔뜩 쌓아 놓은 잡동사니나 서류 뭉치처럼, 우리의 시간도 다른 것들로 가득 차 있다. 정리가 필요하다. 작년에 우리 집에도 물건을 버리는 날이 있었다. 남편은 지혜롭게도 내게 쓰레기통을 보지 말라고 했다. 일단 보면 색다른 추억거리를 도로 꺼낼 테니 말이다. 그게 있으면 행복할 것 같지만 머잖아 나는 너무 많은 물건에 치일 게 분명하다. 손님을 더 잘 대접하고 미관과 의미를 살려 집을 더 여유로운 공간으로 가꾸고 싶었기 때문에, 나는 쓰레기통 뚜껑을 닫아 두었다. 남편의 판단을 존중한 것이다. 남편은 나와 우리가 다 잘되기를 원하며, 내 한계를 잘 안다.

> 그분은 당신에게 필요한 것을
> 앗아 가시려는 게 아니라 그분의 나라에
> 충분히 주목하도록 지혜롭게 도우신다.

하나님은 당신을 아신다. 그분은 당신에게 필요한 것을 앗아 가시려는 게 아니라 그분의 나라에 충분히 주목하도록 지혜롭게 도우신다. 성령이 우리 영혼의 어둠침침한 구석을 보여 주시면, 우리는 자신이 여태 자유를 쫓아 다녔으나 사실은 그 속에 갇혀 버렸음을 절실히 깨닫는다. 그래서 우리가 알아야 할 것이 있다. 맬컴 가이트(Malcolm Guite)의 말대로, 복음은 "하나님 나라를 위한 공간만 아니라 시간도 낸다. 그 나라는 겨자씨처럼 작아 보일 수 있지만 때가 되면 가장 울창한 나무가 되어 우리 모두가 그 그늘에서 쉴 수 있다. 다만 그러려면 씨앗을 보고, 밭을 사고, 시간을 내야 한다. '급히 지나쳐 버리느라' 이 모두를 잃어서는 안 된다."[3]

공간과 시간을 내라. 씨앗을 보라. 주목을 연습하라.

* * *

> 성령님, 마음의 눈을 뜨게 하셔서
> 제 영혼 안에서 활동하시는 주께 주목하게 하소서.
> 아름다운 것이 자라날 수 있도록

버려야 할 것을 정리하게 하소서.
호기심과 예배를 함께 간직하게 하소서.
예수님의 손길을 묵상하오니 저를 예배로 이끌어 주소서.
아버지, 항상 바쁘기만 한 저를 용서하소서.
시간의 한계를 받아들이고
시간을 주께 선물로 돌려 드리게 하소서.
예수님, 주님은 참으로 아름다우십니다.
하나님과 제 영혼과 오늘 만나게 하시는 사람들에게
훨씬 더 바짝 주목하게 하소서.
아멘.

08 소금은 모여야 맛이다

공동체로 살라는 초대

고백컨대 교회 사역 및 목사와의 결혼에 대한 나의 첫인상은 다분히 로빈 존스 건(Robin Jones Gunn)의 기독교 청소년 로맨스 소설인 "크리스티 밀러 시리즈"의 영향을 받았다. 십 대 초반에 나는 소설 속 타드 같은 남자와 결혼하는 걸 공상하곤 했다. 서핑을 즐기는 그는 낡은 기타로 해변에서 예배 음악을 연주하는 금발 소년이었다. 상상 속의 그런 목사를 훗날 내 애인으로 만나기란 쉽지 않을 터였다. 목사라면 '먼저 하나님의 나라를 구하고' 있을 테니 말이다. 하지만 그때는 로맨스가 중심이고 선교 여행, 소그룹 사역, 중고등부 모임 인도 등 모든 교회 일은 곁가지인 줄로 알았다. 내가 상상한 교회란 틈날 때 조금씩 하는 일이지 우리의 정체성 자체는 아니었다.

허구가 아닌 실제 목사와 결혼한 지 20년 가까이 지난 지금, 우리는 둘 다 제도 교회와 지역 교회에 꼼짝없이 매여 있다. 그래서 이것은 은혜다. 많은 속박과 마찬가지로 여기서도 달아나고 싶을 때가 있기 때문이다.

교회는 일이 아니라 우리의 정체성 자체다. 동네 사람이나 교인이 집에 찾아오면 우리 아이들은 스케이트보드 타던 걸 멈추고 테라스에서 아동용 접의자에 앉아 함께 웅대한다. 손님을 대접하는 삶에 아이들도 늘 끼워 주었더니 이런 방문 하나도 예삿일로 여기지 않게 된 것이다.

어린 시절 목사와 결혼하면 일보다 로맨스가 더 많을 줄로 알았던 나는, 처음 목사 아내가 되었을 때 교회 생활도 똑같은 로맨스에 둘러싸여 있기를 바랐다. 하지만 20년 동안 사역하면서 환상은 사라졌다. 그런데 남은 것은 상처가 아니다. 분명히 상처를 받기도 하고 우리가 입히기도 했는데 말이다. 남은 것은 끝까지 버텨 준 사람들이다. 그들은 우리의 부끄러운 모습을 보고도 떠나지 않았다. 남은 것은 공동체의 한계와 선물이다. 다과를 나누며 함께 울고 기도하는 사람들이다. 그들은 비탄에 젖어 한없이 불안할 때도 트레이닝복 차림으로라도 모임에 나온다. 슬픔에 겨워 마음을 가누기 힘들 때도 그 쓰라린 아픔을 모두 예수께 가져온다.

그들은 어둠 속에서도 기도한다. 잡다한 사람들의 단체에 눌러앉아, 어쨌든 힘써 사랑한다. 이것이 교회다.

* * *

그리스도는 유대인의 신앙과 전통이라는 테두리 안에서 사셨다. 율법을 아셨고, 유월절을 지키셨으며, 생김새와 식생활과 말씨도 1세기의 유대인이었다. 계몽주의 이후로 사유 재산권과 사생활 개념이 굳어지면서 우리는 더욱더 "우리"보다 "나"를 앞세우는 개인주의로 경도되었다.

우리는 제약 너머의 이른바 자유와 행복을 찾고자 지우개로 경계선을 지워 버렸다. 기독교 성화 속의 예수님은 대개 백인이다. 십 대 시절에 내가 읽었던 로맨스 소설에서 서핑을 즐기던 그 금발 소년과 약간 비슷하다. 우리가 체험하는 예수님도 그분 자신의 문화적·종교적 정황과는 동떨어져 있을 때가 많다(그분을 신분 상승과 멋진 서구 생활의 화룡점정쯤으로 생각하는 것이다). 하지만 어디까지나 그분은 중동 지역의 유대인으로 사셨다.

예수님의 신앙의 공동체적 성격을 잊어서는 안 된다. 당시의 유대교는 교리 체계라기보다 삶의 방식이어서, 개인은 유대교에 규정된 엄격한 테두리 안에서 살고 움직였다. 돈, 시간, 인식, 성(性), 일, 의식(儀式) 등은 모두 하나님과 그 선민의 공동체적 언약 관계에 둘러싸여 있었다. 유대교의 성경, 전통, 의식, 생활 방식 ─ 한마디로 유대교의 각종 제약 ─ 이 거룩한 삶의 울타리였다. 그 백성에게 자신을 알리신 여호와를 떠나서는 누구도 '진리'를 발견할 수 없었다.

예수께서 제자들에게 베푸신 것은 개인이 죽어서 천국에 간다는 천금 같은 입장권 이상이다(땅 끝까지 전해진 복음의 수혜자인 우리에게도 마찬가지다). 그분은 대대로 이어져 내려온 자신의 숱한 약속을 성취하신다. 고생하는 노예와 포로를 해방하시고, 다윗의 후손으

> 우리는 진정한 공동체의 제약 속으로 초대받았으며,
> 덕분에 우리 모두가 전혀 새로운 모습으로 형성될 수 있다.
> 이 공동체의 사람들은 서로 정치 성향도 다르고
> 생김새도 다르고 말씨도 다르다.

로서 왕위에 오르신다. 정결하게 하는 율법을 친히 지키실 뿐 아니라, 하나님 나라에는 율법을 넘어 새로운 마음이 요구된다고 가르치신다. 그분은 선지자요 제사장이요 왕이시다. 그분이 주시는 자유는 공동체 전체의 자유다. 그분은 자신의 신부인 교회의 혼인을 준비하러 오셨다.

우리는 그리스도인의 삶을 온통 사후에 가는 천국과 개인의 하나님 체험으로 좁힘으로써 무언가를 잃었다. 물론 그런 부분도 있지만 그것이 전부는 아니다. 예수님은 우리를 서로 연결하여 오직 그리스도라는 기초 위에 산 돌로 쌓아 올리신다. 그분이 목자로서 우리를 인도해 들이시는 넓은 곳은 우리만을 위한 것이 아니라 세상을 위한 것이기도 하다. 이를 위해 그분은 다양한 개인을 받아들이시고, 우리를 불러 그분을 따르게 하시며, 함께 공동체를 실천할 힘을 주신다.

우리는 진정한 공동체의 제약 속으로 초대받았으며, 덕분에 우리 모두가 전혀 새로운 모습으로 형성될 수 있다. 이 공동체의 사람들은 서로 정치 성향도 다르고 생김새도 다르고 말씨도 다르다.

* * *

일전에 나는 소파에 웅크려 앉아 몸을 앞으로 기울인 채 사민 노스랏(Samin Nosrat)의 먹방을 보았다. 그녀는 고기를 씹으며 아이스크림을 애틋이 바라보았다. 그녀가 멕시코에서 타코를, 일본에서 수제 간장을, 이탈리아에서 갓 요리한 파스타를 먹는 모습이 넷플릭스의 다큐멘터리 〈소금, 지방, 산, 열〉(Salt, Fat, Acid, Heat)에 담겨 있다. 나도 그렇게 먹고 그렇게 웃고 그렇게 요리하고 싶어졌다. 그녀는 끓는 물에 파스타 면을 한 줌 넣으면서, 파스타 물은 바닷물만큼 짜야 된다고 말했다.

같은 제목의 요리책 『소금, 지방, 산, 열』(세미콜론)에 그녀가 훌륭한 요리의 요소를 하나씩 분석해 놓았는데, 소금에 대해서는 "소금은 다른 어떤 재료보다도 맛에 큰 영향을 미친다"라고 썼다.[1] 소금의 중요성은 거기서 끝나지 않는다. "소금을 꾸준히 섭취해야 한다. 그래야 적정 혈압 유지, 체내 수분 공급, 세포 영양소 조달, 신경 전달, 근육 활동 등 기본 생리 작용을 수행할 수 있다." 소금은 생존에 필요할 뿐 아니라 음식의 맛을 내 준다. 맛에도 좋으면서 우리 몸을 도와 제구실을 하게 한다.

예수께서 마태복음 5장의 산상수훈에 가르치셨듯이, 하나님의 임재는 성전이나 회당으로 국한되지 않는다. 그 전까지는 중점이 예배 장소에 있었으나, 하나님의 아들이 오심으로써 그분의 백성도 그분의 처소도 그 범위가 확장되었다.[2] 이제 광의의 하나님 백성이 소금이 되어 열방에 복을 끼친다. 예수께서 청중에게 가르치신 하나님 나라는 화평하게 하는 자, 박해받는 자, 가난한 자, 온유한 자에게 복이 가득한 나라다. 하나님은 자기 백성의 곤경을 잊지 않으셨다. 그분은 청중에게 그들이 곧 "세상의 소금"이라고 일깨워 주신다(마 5:13). 이 땅에 짠맛을 내는 게 그들의 본분이다.

소금은 낱낱의 알갱이로는 별로 쓸모가 없고 한데 모여야 효과를 낸다. 하나님도 우리를 소금처럼 한 움큼씩 퍼서 물속에 넣으신다. 우리도 염분처럼 고기를 절여 연하게 하고, 음식의 맛과 향을 보존하는 데 쓰여야 한다. 그래야 음식이 제구실을 다해, 우리가 제대로 일하고 양분을 얻고 즐거워할 수 있다. 우리도 낱낱의 개인으로는 별로 쓸모가 없다. 독불장군으로는 제구실을 다할 수 없다. 하나님의 백성은 한데 모인 소금이다.

소금의 본분은 상을 타거나 재주를 과시하는 게 아니다. 요리를 너무 압도하여 먹지도 못할 음식을 내놓는 게 아니다. 반대로 소금은 염분을 잃거나 각자 떨어져 있어서도 안 된다. 그러면 더는 쓸모없어진다. 사민 노스랏이 일깨워 주듯이 소금은 "소금 **특유의** 맛으로 **다른** 재료의 맛을 살려 준다. 소금을 제대로 쓰면 쓴맛이

잡히고 단맛도 적당해진다. 냄새까지 좋아져 먹는 즐거움을 더해 준다."[3] 고급 초콜릿에 천일염을 조금 얹으면 더 맛있어진다. 본래의 초콜릿 맛에 더 가까워진다.

소금은 모여야 맛이다. 덕분에 우리는 음식의 원리와 제맛을 알 수 있다. 하나님의 백성도 인간의 제맛—지나친 개인주의가 아닌 사랑 공동체의 정체성—을 보여 줄 수 있지 않을까? 우리가 자신의 짠맛에 심취하기보다 다른 사람의 맛을 살려 주는 데 더 주력하면 어떨까? 하나님의 백성으로서 쓴맛을 줄이고 너무 톡 쏘는 단맛도 조절해서 그리스도의 향기를 퍼뜨리면 어떨까? 그러면 그것이 어떤 모습으로 나타날까? 바로 **사랑, 희락, 화평, 오래 참음, 자비, 양선, 충성, 온유, 절제**로 나타난다. 이것이 우리가 공동체로 모여 경험하는 삶이다.

* * *

하나님의 소금으로 모이려면 공동체의 제약을 받아들여야 한다. 다른 사람을 이용하지 않고 **위해야** 하며, 그러려면 종종 자신의 시간과 소원은 물론이고 소중한 부차적 정체성까지도 제한해야 한다.

오순절에 성령이 임하시기 전까지만 해도 예수님을 따르던 무리는 오합지졸로서 다분히 자신의 목적에 그분을 이용했다. 멸시당하던 세리 마태는 아마 가난한 사람들을 등쳐서 착복했을 것이고, 열심당원 시몬은 테러리스트와 비슷한 골수 국수주의자였다.

> **하나님의 소금으로 모이려면
> 공동체의 제약을 받아들여야 한다.**

나머지는 대부분 어부였고 그중에 배우지 못한 사람도 많았다. 여자들도 예수님을 따랐는데, 누가복음 8장에 언급된 요안나와 수산나 같은 이들은 예수님의 사역을 물질로 후원했으나, 오히려 문제만 안고 온 이들도 있었다. 지도자들도 찾아왔다. 그중 니고데모는 남의 눈이 두려워 밤중에 예수님을 보러 왔다. 다만 그분이 십자가에 달리신 후에는 그도 아리마대 요셉과 함께 그분의 시신을 무덤에 모셨다.

예수님의 첫 제자들은 그분이 자기네가 예상하던 유대인의 메시아인 줄로 알았다. 로마를 무너뜨려 민족을 해방하고, 성전을 재건하고, 하나님의 선민인 이스라엘의 독보성을 다시 드러내 밝히실 줄로 알았다. 우리도 자신의 목적에 예수님을 이용할 때가 얼마나 많은가? 삶의 주인은 자신이면서 금상첨화처럼 그분에게서 얻을 것만 생각하지 않는가?

예수님은 유대인의 공동체 생활을 폐기하고 서구 개인주의의 단절된 삶으로 대체하신 게 아니다. 예수님의 삶과 죽음과 부활은 교회라는 한 백성을 낳았다. 승천하시기 전에 그분은 그들에게 사

> 예수님은 우리를 교회의 제약 속으로 초대하신다.
> 그리하여 우리의 삶으로 세상을 살리게 하신다.

명을 맡기면서 성령을 약속하셨다. 그분이 가르치고 들여오신 하나님 나라는 공간과 사람들 안에 실재하여 결국 그분의 백성을 이루어 낸다. 이 백성으로 그분은 성전을 지어 자신의 몸으로 삼으신다. 대개 소외되고 버림받고 가난한 자들, 자신에게 그분이 절실히 필요함을 깨닫는 이들이다.

예수님은 우리를 교회의 제약 속으로 초대하신다. 그리하여 우리의 삶으로 세상을 살리게 하신다.[4]

* * *

우리 네 아이가 아주 어렸을 때 내가 코스트코에 가면 으레 듣던 말이 있다(둘은 카트 안에 앉고, 하나는 내가 아기띠로 안고, 하나는 걸었다). "와! 넷이네요! 다 그 집 아이들인가요?" 비꼬아 주거나("아니, 몇은 길거리에서 데려왔어요") 좋은 말을 고자세로 하고 싶을 때도 많았지만("손은 많이 가도 마음은 부자랍니다") 대개는 그냥 씩 웃으며 고개를 끄덕였다. "네, 다 내 아이에요."

여섯 식구의 바람과 취향과 요구 사이를 오가다 보면 하루 중에 누군가는 다치거나 삐치거나 화나거나 슬프거나 외롭거나 따분하기 마련이다. 남편과 내가 매 순간 모두의 요구를 다 들어 줄 수는 없다. 전에는 우리의 인내심이 떨어지면 나 자신이나 아이들에게 화가 났다. 내 시간과 주의력의 한계를 받아들이면서부터 대가족이 선물로 보였다. 내가 주로 할 일은 모든 자녀에게 전용 요정이 되어 주는 게 아니라 공동체로 살아가는 법을 가르치는 것이다.

다른 아이들은 (단순히 형제자매가 적어) 티격태격할 일은 적은 대신 과외 활동을 늘릴 수도 있겠지만, 우리 아이들은 자아나 개인적 행복보다 더 큰 것에 속하는 법을 배우는 중이다. 멋진 삶이란 아무 때나 무엇이든 선택할 수 있는 자유에 있는 게 아니라 사명과 목적을 두고 평생의 가정을 가꾸는 데 있음을 일찍부터 배우는 중이다. 가족이란 서로 희생하고 미운 정 고운 정 쌓이는 가운데 성품이 빚어진다. 웃을 일도 훨씬 많다.

말로는 공동체를 원한다지만 사실 우리가 좋아하는 것은 공동체에 요구되는 노력보다는 공동체의 느낌이다. 우리는 공동체가 내게 무언가 해 주기를 바랄 뿐 공동체를 위해 희생할 마음은 거의 없다. 이웃을 위해 개인의 취향을 제약당할 때, 여간해서 이를 잘 받아들이지 않는다. 그래서야 여유로운 삶 속으로 들어갈 수 없다. 그런데도 우리는 함께 하나님의 집으로 지어지기보다는 최근의 자기개발 계획을 선택할 때가 많다.

예수님은 일단 교회라는 가정으로 우리를 입양하시는데, 끈끈한 교회 공동체도 뵈프 부르기뇽(프랑스 부르고뉴식 소고기 스튜 요리—편집자주)이나 가정식 파스타처럼 제약을 통해서만 맛이 살아나고 그윽해진다. 그 일은 천천히 이루어진다. 공동체가 더 끈끈해지려면 구성원들이 떠나지 않고 은혜와 사랑의 권위 아래 살면서, 서로 용서하고 일부러 함께 시간을 보내야 한다. 어느 한 개인에게 가장 좋은 쪽을 선택해서는 안 된다. 세스 캐플런(Seth Kaplan)은 "외부에서 가해지는 제약에 점점 더 질색하는 북미의 정황에서는 우리가 갈구하는 풍성한 공동체의 사례도 점점 더 희귀해진다. 프라이버시를 양보하고 자유를 희생하려는 사람이 거의 없다"라고 썼다.[5] 풍성한 공동체는 다양한 사람들이 서로 맞물려 부대낄 때 이루어진다.

우리는 교회가 진정한 공동체로서 더욱 제맛을 찾기를 원한다. 소금처럼 모여서 맛을 내기를 간절히 바란다. 그런데 실제로 그런 공동체가 되려면 자신을 제한해야 한다. 자신을 제한하려면 모임에 가기 싫을 때도 의지적으로 가야 한다. 자신을 제한하려면 시간을 내서 듣고 말하고 기도해야 한다. 자신을 제한하려면 내키지 않더라도 매주 예배에 참석해야 한다. 자신을 제한하려면 교회의 사명을 헌금으로 후원해야 한다. 자신을 제한하려면 모임 장소의 의자를 배치하거나 어린이 사역을 맡아 봉사하거나 노인의 말동무가 되어 주어야 한다. 자신을 제한하려면 예수님과는 거리가 먼 사람들에게 우리 자신은 물론이고 우리의 삶까지도 나누어야 한다.

우리는 사랑으로 제약을 선택한다. 감사 카드를 보내거나 이웃의 식사를 준비한다. 한부모의 아이를 자청해서 봐 주거나, 나와 직접 관련되지 않은 교회 행사에도 참석한다. 일요일에는 새로 나온 사람에게 인사하고, 목사님에게 설교에 대해 질문한다. 자원의 제약을 선택하여 십일조와 구제 헌금을 낸다. 나와는 사뭇 다른 사람들에게서 의지적으로 배운다.

장소의 제약도 선택하여, 정치 성향이나 생각이나 행동이 나와는 다른 사람이 있어도 공동체를 떠나지 않는다. 이것이 소금으로 모인 교회의 행동이다.

알고 보면 아름답게도 이것이 하나님 나라의 경륜이고 예수님의 길이다. 베풀면 우리가 풍성해지고, 잃으면 우리가 은혜를 얻는다. 우리는 약하지만 강하고, 지쳐도 부끄러워하지 않으며, 함께 예수님 같은 맛을 낸다.

세월이 가면서 우리는 함께 빚어져 간다. 우리의 문이요 목자요 모퉁잇돌이신 예수님이 우리 모두를 하나로 연합해 주신다.

때로 나는 하나님이 그분의 자녀를 다 데리고 코스트코에 가서 우리를 품에 안거나 카트에 싣고 다니신다고 상상해 본다. 우리 중 더러는 이 나들이를 즐기지만, 더러는 넘어져 그분이 일으켜서 풋볼처럼 팔 밑에 끼셔야 한다. 하나님의 자녀로 모여 있는 우리를 구경꾼들이 쳐다본다. 그분은 희색이 만면하여 이렇게 말씀하시리라.
"믿어지지 않겠지만 물론 다 내 아이니라!"

* * *

예수님, 주님은 사람들을 구원하려고
자신을 제약하셨지요.
빌립보서 2장에 보니 하나님과 동등됨을 취할 것으로
여기지 않으시고 죽기까지 낮아지셨습니다.
그런데 저는 하나님의 사람들을 위해
제 일정조차 조정하려 하지 않아요.
자백합니다.
주님의 사람들의 모든 문제를
남 탓으로 돌리는 저를 용서하소서.
성령님, 제 죄를 깨우쳐 주시고 위로하여 주소서.
제 마음과 행실이 소금처럼 짜고 맛있게 하소서.
하나님, 힘써 사람들에게 다가가고
의지적으로 주님의 사람들과 함께 모이게 하소서.
주님과 교제하고 서로 교제하여 생명을 얻게 하소서.
아멘.

09 그냥 주어진 것들

하나님 나라의 소품을
기억하라는 초대

친정집 계단 밑에 작은 벽장이 있는데, 부모님이 부엌을 개량할 때 그 앞에 소형 냉장고를 놓아 입구를 막았다. 그 벽장은 나만의 공간이었다. 중학교 때 내 기도실이자 예수님을 처음 만난 곳이었다.

부모님이 웃으며 하시는 말씀이, 공사하기 전에 벽장을 열었더니 쓰고 난 성냥이 있더라며 내가 켠 촛불에 집이 홀라당 타지 않아 다행이라고 했다. 어른이 되어 들으니 재미있기도 하고 안도도 되었다.

하지만 돌이켜 보면 그곳은 내가 날마다 숨어들던 작고 아늑한 공간이었다. 촛불을 밝힌 뒤 쓰고 난 성냥을 도로 낡은 성냥갑에 넣어 나무 선반 밑에 끼우던 일이 기억난다. 성경에 밑줄을 치고 꽃무늬 공책에 기도를 쓰던 기억도 있다. 성경 읽기 계획표에 체크하면서 이해하기 어려운 본문들로 씨름하기도 했다. 날마다 그 공간과 시간은 양초와 성냥 덕분에 거룩해졌다. 나는 성냥을 켠 뒤 성경을 읽고 기도하고 일기를 쓰곤 했다. 이런 소품은 초기에 나와 예수님의 관계가 뜨겁게 성장해 간 흔적이었다.

지금은 성냥 이야기를 하면서 웃지만 그때는 그 성냥이 증인이었다.

* * *

우리와 소품의 관계는 복잡하다. 물건을 버리는 기쁨을 말하는 동영상을 보면서도, 우리는 머그잔이나 가벼운 담요나 멋진 흰색 티셔츠가 너무 많아 거기에 치인다. 반대로 그런 게 너무 없는 사람들도 있다. 우리는 물건을 너무 대수롭지 않게 여기거나 너무 애지중지한다.

물건 자체를 최고로 떠받들 수도 있다. 사기 그릇 뚜껑을 실수로 놓쳐서 깨뜨린 아이에게 버럭 화내는 부모를 생각해 보라. 사물의 비중이 실제 가치에 걸맞지 않게 커진다(아이와 비교해 보면 특히 더하다). 반대로 우리는 물건을 하찮게 여기기도 한다. 갈아 치우면 그만인 소비재 정도라서 관계, 경제, 사회, 지구 환경 등에 미치는 영향을 생각하지 않고 구입한다.

하지만 우리는 유한한 피조물이다. 그래서 대물 관계도 제대로 맺어야 한다. 삶을 더 잘 통제하고 정리하기 위해서가 아니라 무한한 하나님과 늘 이어져 있기 위해서다. 쓰고 난 성냥 같은 이 땅의 소품이 하나님의 일을 증언해 주어야 한다.

* * *

물질세계를 보면 우리의 창조주가 거기에 관심이 깊으심을 알 수 있다. 그만큼 그분의 진선미가 배어 있다. 죄로 물든 세상에서 사물은 구원의 표증이 될 수도 있다. 고통과 배신의 현장에서도 말이다.

잠시 멈추고 예수님이 제자들의 발을 씻겨 주신 이야기를 읽는다. 모든 사물에 눈길이 끌린다. 내용은 익숙하지만 대야, 물, 수건, 빵, 포도주에 대한 상상을 떨칠 수 없다. 그 속에서 그분은 죽음을 향해 가셨다.

마지막 식사로 제자들과 함께 유월절을 보내실 때, 그분은 수건과 대야를 가져다가 그들의 발을 씻으셨다. 대개 이런 천한 일은 종의 몫인데 여기서는 그들의 주님이 맡으신다. 대야와 물과 수건은 외투를 걸어 두는 옷장이나 열쇠를 올려 두는 문간의 탁자처럼 가정의 필수품이다.

유월절 식사도 평범한 요소로 가득했다. 의식(儀式)도 그랬고, 무교병과 쓴 나물과 포도주 등 음식물도 제자들이 익히 알던 것이었다. 그런데 이스라엘의 노예 해방 이야기를 상징하던 그 음식물이 예수님의 손안에서 새로운 신자 공동체를 위한 성례로 제정된다. 이 공동체를 한몸으로 묶는 것은 민족이나 할례가 아니라 하나님의 넓은 사랑이다.

빵과 포도주는 빵과 포도주 이상이다. 물과 대야와 수건도 한낱 씻는 도구 이상이다. 이 모두가 복음 이야기의 필수 요소이고 하나님 나라의 전조다. 예수님의 손에 들리면 소품이 제자리와 제구실을 찾는다.

이런 소품이 말해 주듯이, 예수님과 일말의 관계라도 맺으려면

> **예수님의 손에 들리면
> 소품이 제자리와 제구실을 찾는다.**

우리는 그분께 깨끗이 씻김을 받아야 한다. 그분을 먹고 마셔야 한다. 또 이런 소품은 우리의 일차적 정체성이 씻김과 사랑과 정화와 보냄을 받은 존재라는 것도 일깨워 준다. 나아가 다른 사람들에게도 똑같이 해 주라고 우리를 타이른다.

이런 소품을 통해 계시되는 은혜의 너비와 깊이를 그냥 지나칠 수 없다. 예수님은 허리에 수건을 두르고 제자들의 발을 씻겨 주셨는데, 잠시 후면 그분을 배신할 유다의 발에서도 흙먼지를 씻겨 내셨다.

구원과 성례의 소품이 배신자에게도 선물로 주어졌다.

베드로는 예수께 온몸을 씻겨 달라고 했지만, 불과 식후 몇 시간 만에 모닥불 앞에서 예수님을 알지도 못한다고 부인했다. 베드로와 유다는 빵과 포도주의 참 뜻을 너무도 쉽게 외면했지만(모든 제자와 우리도 다 마찬가지다), 이 음식물은 은혜의 확실한 통로가 될 수 있다. 따라서 예수께서 이 음식물을 통해 베푸시는 사랑도 우리가 흔히 생각하는 것보다 크고 영광스럽고 놀랍도록 확실하다. 예수님은 사물을 거룩하게 하신다. 그분이 주시는 성물의 효력은 우리가 어떻게 반응하든 달라지지 않는다.

평범한 물건을 변화시키실 수 있는 예수님이라면 그 평범한 물건을 통해 나도 변화시키실 수 있기 때문이다. 고통의 시기를 지날 때면 나는 상처가 고정 불변의 물체인 양 상처에 매달리려 한다. 용이 끌어 모은 금처럼, 배신도 쌓아 두고 자꾸 우려먹으려 한다. 하지만 그리스도의 손에 들리면 평범한 물건도 신성해지며, 그것을 통해 그분은 구원을 베푸신다. 이런 성물을 받으려면 내 손을 벌려야 한다. 나도 씻김을 받아야 한다. 나도 받아서 먹어야 한다.

우리의 소유물이 삶의 중심도 아니고 그렇다고 하찮은 것도 아니라면 어떨까? 우리의 한계처럼 이 또한 하나님을 알고 그분과 교제하라는 초대라면 어떨까?

소품 덕분에 하나님의 일을 더 잘 기념하고 살피고 기억할 수 있지 않을까? 그래서 우리는 예수님의 무한한 사랑을 보여 줄 평범한 물건을 찾아 나선다.

* * *

나는 여행 중에 크리스마스 장식물을 즐겨 모은다. 네덜란드에서는 자기(瓷器) 구두를, 런던에서는 택시를 골랐다. 어느 해 가을에 산에서 며칠 보내며 기념품 가게에 갔을 때 나는 그 산촌의 이름이 새겨진 캘리포니아 회색곰의 목각 인형을 택했고, 친구 칼라는 빈티지 풍의 장식물을 몇 개 골랐다. 아이들에게는 만지지 말고 조심하라고 일렀다. 사랑하는 친구 부부와 함께 산에서 보낸 짤막한 휴가였는데, 10년 가까이 그들은 우리의 가족이자 동역자가 되었다.

하지만 다가오는 크리스마스에 그들이 장식물을 달 크리스마스트리는 나라 반대편의 새 집에 있을 것이다. 우리도 거취가 확정되기를 기다리던 중이었으므로, 손님으로 머물 집의 탁자에 작은 트리를 놓고 거기에 장식물을 달 것이다. 두 가정이 함께 휴가를 다닌 지 오래다 보니 그 주말도 익숙하게 흘러갔다. 아이들은 뛰어놀며 온수 욕조를 드나든다. 제이슨은 불을 피워 커피를 끓이고, 남편 브라이스는 성찬(盛饌)을 차려 내고, 나는 포도주를 따른다. 별빛 아래서 어느새 우리는 대화 삼매경에 빠진다. 워낙 익숙한 일이라서 이번에도 그냥 함께 떠나온 여느 주말처럼 느껴졌다.

그러나 이별이 눈앞에 다가와 있었다. 이번 산행은 우리가 헤어지기 전에 마지막으로 함께 보내는 휴가였다. 제이슨과 칼라 없이 잘 살 수 있을까? 너무 오래 말이 끊기면 점점 휑하게 비어 가는 내 가슴이 터져 버릴지도 모르고, 그러면 나는 울음을 주체할 수 없을 것이다. 그래서 우리는 미래의 집수리, 지금의 집을 파는 세세한 절차, 모험, 오랜 세월 쌓인 서로의 추억 등으로 대화를 이어 간다. 어떻게 이 모두를 조그만 목각 크리스마스 장식물 하나로 대신할 수 있을 것인가?

아침에 에어비앤비 숙소를 정리하고 쓰레기를 내놓은 뒤 『모든 순간을 거룩하게』(Every Moment Holy)를 펼쳐 놓고 함께 기도했다. 여정에 관한 기도문이 우리의 상황에 딱 맞아 보인다. 우리가 향하는 새로운 곳에 안식과 새 일이 기다리고 있겠지만, 그전에 이렇게 작별과 상실을 거쳐야 한다. 다리 사이로 아이들이 기어 다니던 그날 아침, 이곳과 그곳 사이에 낀 우리는 "모르는 도시와 낯선 풍경을 즐겁게 탐험하도록"[1] 마음을 준비시켜 달라고 기도했다. 지금의 어정쩡한 상태와 그동안 벌어진 일이 내 가슴을 짓누른다. 좋으신 하나님께 "우리 순례자의 회복 여정에 복을 주소서"라고 간구하는데 하염없이 눈물이 흐른다. **하나님, 꼭 그렇게 되게 하소서**. 다들 지쳐서 힘이 없는데도 새삼 우리 마음에 열망이 타오른다. 모든 힘든 일은 구속(救贖)될 것이고, 지금 경험하는 모든 좋은 일은 훗날 하나님 나라에서 있을 잔치의 예고편에 불과하리라. 우리는 "언젠가 모든 세월과 천지를 한데 아우를 최고의 경축일"에 재회할 것을 고대한다.

호박향 커피를 마시고 장식물을 구입한 우리는 그래서 "곧 다시 봅시다"라는 말로 작별한다.

그 이별의 생채기가 아직도 얼얼하던 며칠 후, 사랑하는 친구인 마크와 멜리사 부부가 유타주에서 문자를 보내왔다. 유타산 호밀 위스키를 한 병 부쳤다는 것이다. 문득 그들과 얽힌 여러 소품이 세월과 함께 쭉 떠오른다. 8년 전에 우리는 유타의 파크 시티에서 시린 손가락으로 코코아 잔을 쥔 채, 리프트를 타고 내려올 산타클로스를 기다렸다. 촛불을 담아 두는 빨간색 유리잔은 이탈리아 식당에 많은데, 바X라는 술집의 나무 탁자에도 그게 놓여 있던 기억이 난다. 멜리사와 내가 하룻밤이나마 어른들만의 대화를 나눈 곳이다. 집 지하실에서 아이들이 텔레비전을 보는 동안, 아주 뜨거운 빨간색 찻잔을 앞에 두고 울먹이며 기도한 기억도 있다.

생각해 보면 하나님의 백성도 이집트의 노예 생활에서 벗어나 바다를 건넜을 때 해저의 돌을 취했다. 그들이 그 돌로 쌓은 기념비는 하나님이 하신 일을 시각과 촉각으로 상기시켜 주는 에벤에셀(도움의 돌)이었다. 훗날 자손이 물을 때 그들에게 들려 줄 정체성의 이야기가 절절했다.

갈색 나무로 만든 회색곰(grizzly bear)과 유타의 위스키는 나만의 기념비로서, 길이 어디로 꺾일지 모를 때도 길동무를 보내 주시는 그분의 신실하심과 끝없는 사랑을 증언해 준다. 나는 목각 장식물을 종이에 잘 싸 두고 기다린다.

* * *

이런 소품에 힘입어 우리는 하나님의 신실하심을 기억할 수 있다. 시간을 기계적으로 대하지 않고 신성하게 기념할 수 있다. **기억한다**는 단어를 곱씹어 본다. 무언가 회상하거나 떠올리기만 해서는 기억하는 게 아니다. 기억하려면 그 이상으로 우리의 자아 전체가 요

> 이런 소품에 힘입어 우리는
> 하나님의 신실하심을 기억할 수 있다.

구된다. 습관처럼 그 이야기를 되풀이하며 그 순간이나 추억을 재현해야 한다. 그러면 과거가 실제로 현재 속으로 들어올 뿐 아니라 현재를 변화시키기까지 한다. 기억할 때 우리는 회복되어 말 그대로 다시 소속된다(re-membered).

둘 다 순회 음악가이자 친구 사이인 앤디 걸러혼(Andy Gullahorn)과 게이브 스캇(Gabe Scott)은 서로 꾸준히 얼굴을 보려고 2014년부터 매주 하이파이브를 했다. 양쪽 집 사이를 30분쯤 걸어가 중간에 만나서 했다. 몇 년 후에 게이브는 한동안 뇌염에 걸려 기억을 잃고 앤디를 알아보지 못했다. 그런데 앤디가 병원에서 하이파이브를 청하자 게이브의 몸이 저절로 늘 하던 대로 반응했다. 먼저 손뼉을 치고 손가락으로 딱 소리를 낸 뒤 하이파이브를 한 것이다. 앤디에 따르면 하이파이브는 둘의 우정에 "안전망이 되어 주었다." "특별하게 느껴지는 누적 효과가 있다. 바로 헌신이다. 의도적 시간 낭비인 셈인데, 물론 가장 좋은 의미의 '시간 낭비'다."[2] 매주의 하이파이브는 게이브가 기억력을 되찾고 건강을 회복하는 데도 도움이 되었다. 이렇게 작은 것도 증인이 될 수 있다. 우리는 하이파이브나 목각 크리스마스 장식물을 통해 구원의 시간을 기념할 수 있다.

평범한 방식으로 구원의 시간을 기념하듯이 우리는 성례를 통해서도 기억한다. 성례도 안전망이 되어 뜻깊은 누적 효과를 낸다. 유다를 씻겨 주신 일과 성만찬을 통해 예수께서 보여 주셨듯이, 유형의 소품은 배신의 기념물이 아닌 구원의 표증으로 제정될 수 있다. 지금도 예수님은 성찬 그릇에 손을 넣는 우리를 똑바로 보시며 우리를 여유로운 삶으로 초대하신다.

여유로운 삶에서 중요한 것은 당신의 성공이나 실패가 아니라 당신에게 주어진 정체성이다. 당신은 씻김과 용서와 사랑을 받는 존재다. 여유로운 삶이란 삶의 소품을 너무 과하거나 하찮게 대하지 않는 것을 넘어, 만물이 새롭게 되는 데에 대한 기념비와 표증으로 보라는 초대다.

성만찬 덕분에 우리는 고통과 배신까지도 소화할 수 있는 하나님의 사랑을 맛본다. 이 기념의 식사를 통해 만물이 새롭게 된다. 예수님은 이를 행하여 그분을 "기념하라" 하셨다(눅 22:19). 이렇게 우리는 은혜를 받고 매주 회복된다.

예수께서 빵, 포도주, 살, 피를 통해 베푸시는 사랑은 세상에서 가장 값비싼 식사인 만큼, 이 식탁은 누구에게나 열려 있다. 그래서 독선적 죄인이자 배신자인 우리도 환대와 혜택을 누린다. 그리

> 예수께서 빵, 포도주, 살, 피를 통해
> 베푸시는 사랑은 세상에서 가장 값비싼 식사인 만큼,
> 이 식탁은 누구에게나 열려 있다.
> 그래서…우리도 환대와 혜택을 누린다.

스도의 차고 넘치는 사랑이 우리 모두에게 절실히 필요하다. 그 사랑을 씹으면 우리의 목구멍을 타고 내려간다.

성만찬은 장차 울퉁불퉁한 곳마다 평탄해지고 모든 험한 곳이 평지가 될 그날을 가리켜 보인다(사 40:4). 제자들에게 말씀하셨듯이 예수님은 그들과 함께 먹으며 이 식사를 경축하기를 간절히 원하셨다. 또 마지막 날 하나님 나라에서 함께 먹고 마실 때까지 포도주를 마시지 않겠다고 하셨다.

지금도 그분은 이 애찬을 금식하시는 중이다. 그분의 신부가 도착하여 우리 모두가 동참할 수 있을 때까지 아직 기다리신다. 놀랍지 않은가? 예수께서 십자가에 달리시기 전날 밤, 한 제자는 그분이 표방하신 모든 것을 배신하는 중이었고, 나머지도 다 그분의 예언대로 그분을 혼자 두고 버릴 것이었다. 그런데도 그분은 경축하기를 원하셨다. 왜일까? 이것이 우리의 애찬이고 성체이고 감사의 식사이기 때문이다. 자기 백성을 향한 하나님의 깊은 사랑이라는

그 실재를 가리켜 보이는 성례이기 때문이다. 우리는 이 식사를 통해 회복된다.

그리스도의 사랑은 죄와 사망과 배신을 삼켜 버릴 뿐 아니라 그분의 완전하심을 우리에게 입혀 주신다. 그래서 당신은 빵과 포도주를 통해 마음껏 구원을 마셔도 된다. 당신만의 유형(有形)의 소품들을 연대순으로 쭉 돌아보며, 당신의 삶 속에 베푸신 하나님의 구원을 기념해도 된다.

친구에게서 선물받은 작은 나무 십자가를 내 손에 쥐어 본다. 그것을 주머니에 넣고 다니며 그리스도의 위로하시는 임재를 떠올린다. 해변에서 조개를 주워 상자에 담아 고향 캘리포니아를 그리워하는 친구에게 보낸다. 조금이나마 위안이 피부로 느껴지기를 바라며 편지에 차 한 봉지를 넣어 부친다. 모두 작은 것이지만 기념비이기도 하다. 각 개인이 시간과 공간 속에서 하나님의 구원을 경험한 순간이며, 다른 사람들도 볼 수 있도록 그것을 쌓아 올린 것이다. 차 한 봉지와 하이파이브와 빵과 포도주 잔은 모두 우리가 누구인지를 말해 주는 소품이다.

받아서 먹고 마시라. 당신만의 기념비를 쌓고 하이파이브를 반복하라. 어린양의 혼인 잔치에서 잔을 부딪칠 때까지 잘 기다리자.

* * *

성부 성자 성령님,

제 마음의 여리고 약한 데를 들여다보시며
주님의 무한한 사랑으로 채워 주시니 감사합니다.
저를 주께 열어 놓습니다.
주님의 나라가 어떻게 임하고 있는지
실재하는 소품들을 통해 보여 주소서.
사물을 주님 나라의 전령, 은혜의 사자,
주님의 신실하심을 증언하는 기념물로 보게 하소서.
상처와 배신의 독침을 제하여 주소서.
주님의 손에 저를 올려 드리오니 뜻대로 하소서.
주님의 성찬으로 저를 먹여 살리시고 변화시켜 주소서.
제 한계 덕분에 오히려 늘 주님을 가까이하게 하소서.
아멘.

10 어떻게 죽을 것인가

거하라는 초대

"아기를 잃었던 일은 우리가 통 꺼내지 않는 얘기가 되었네요." 남편이 내 손을 꼭 쥐며 말했다.

10여 년 전에 겪었던 유산은 이제 여러 일정, 스포츠 행사, 교회 활동과 꿈, 내 글쓰기와 출장 강연 등 대가족의 일상을 유지하고 관리하는 데 모두 녹아들었다.

그때는 고통이 참 생생했는데 지금은 기억 속에 있다. 이중 유리창으로 비쳐 드는 햇살에 침대의 흰 시트가 반짝이던 게 기억난다. 거기서 우리는 서로를 보며 낄낄거렸다. 새 생명의 창조에 일조했으니 말이다. 미래는 밝고 확실했다. 나는 부풀어 오르는 배를 보려고 매주 사진을 찍었다.

그런데 초반에 출혈이 있었다. 두려움을 가라앉혀 줄 결과를 바라며 서둘러 병원에 갔다가 망연해져서 돌아왔다. 집으로 걸으면서 빨간색 양모 외투로 배를 꼭 감쌌다. 날씨마저 음산했다. 의사는 내 혈액 속의 임신 호르몬이 떨어지고 있다고 했다. 진짜 출혈은 며칠 후에 시작되었다.

한겨울에 차가운 변기 위에 앉아 피를 한없이 쏟아 냈다. 내 목구멍에서 이 세상 것이 아닌 듯한 저음의 울부짖음이 터져 나왔다.

온몸을 들썩거리며 변기 시트를 움켜쥐었다가 내리누르기를 되풀이했다. 그렇게라도 경련과 비탄에서 벗어날 수 있다는 듯이 말이다. "다 내 탓이야." 입모양으로만 그 말이 비수처럼 새어 나왔다. 유산의 원인이 내 몸 때문인 것만 같았다.

죽음이 생명을 삼켰고, 내 몸은 그 드라마가 펼쳐진 무대였다.

몇 달 동안 고통이 생생했고, 자연히 거기에 신경을 썼다. 그런데 지금은 이런 의문이 든다. 내가 아직도 애통해야 할 부분이 있지 않을까? 15년도 더 전에 그 잃은 아이를 위한 문을 열어 두지 않아서 내 마음의 문 하나가 닫힌 것은 아닐까?

그 죽음이 불러일으킨 여러 작은 반향을 나는 보지 못했었다. 그래서 이제라도 그 스러진 어린 생명을 위해 운다. 나를 보호하기에 급급했던 것, 다시 쾌활해지기 힘들었던 것, 이후에도 임신 때마다 불안했던 것 등을 인해 운다. 그 유산의 고통이 나를 더 작은 구석에 가두지는 않았을까? 그래서 다시 내 마음을 내주었다가 상처나 배신이나 외면을 당할까 봐 두려워 그 속에 숨어 있지는 않았을까?

우리는 과연 고통 속에 뛰어들어 거기서 하나님을 만날 수 있을까? 물론 말로는 그럴 수 있다며 예수님의 수난을 예로 들지만, 정말 그 말대로 살아갈 수 있을까? 어떻게 하면 상처를 곪지 않고 아물게 하면서도 또한 충분히 열어 두어, 이를 통해 우리가 깊이 변화될 수 있을까?

* * *

배신당하시던 밤에 예수님은 사랑하는 세 제자가 필요하셨다. 베드로와 야고보와 요한은 그분과 함께 기대어 누워 식사할 때 그분의 품에 의지하여 하나님의 심장 박동을 느꼈던 사람들이다.

그분은 그들에게 자신이 원치 않는 기도를 하는 동안 곁을 지켜 달라고 부탁하셨다. 영혼을 잠식해 오는 죽음의 번민 속에서 친구들에게 건네신 작은 당부였다. "내가 지금 슬프고 괴로우니 너희는 부디 여기 있으라. 내가 가야 할 길을 안다만, 그래도 곁에 있으라. 깨어 있어 기도하라. 내 곁에 거하라."(마 23:38 참고).

그분은 약간 떨어진 곳에서 이마를 땅에 대고 아버지 앞에 엎드리셨다. 그분의 심령 밑바닥에서 원초적 신음 소리가 터져 나왔다. 결국 이렇게 되는 건가? 다른 방식으로는 구원이 이루어질 수 없는가? 짤막한 말이지만 슬픔은 깊었다. 그렇게 몇 시간이고 그분은 씨름하며 묻고 간구하셨다.

나중에 자신의 사람들에게 와 보니 그들은 잠들어 있었다. 좌절과 슬픔 중에도 그분은 자비롭게 다시 그들을 타이르며 격려하셨다. "시험에 들지 않게…기도하라"(41절). 간청과 경고의 말씀이었다. 고립감이 밤하늘처럼 그분을 에워쌌다. "친구들아, 제발 나와 함께 깨어 있기만이라도 할 수 없더냐. 그만큼이라도 나를 사랑하지 않겠느냐. 부디 기도하라."

그분은 다시 가서 기도하셨다. 대담하고 처절하고 진실한 기도였다. "이 잔이 그냥 지나갈 수는 없나이까. 다른 길로 구원할 수 있다면 받아들이겠나이다. 이 잔만은 내게서 지나가게 하소서."

이어진 것은 일종의 고요한 단념이었다. 삼위일체 하나님의 뜻에 거룩하게 순복하신 것이다. 그분은 동산의 바닥에서 몸을 일으키셨다. 다른 길은 없었다. "내 아버지여, 내가 마시지 않고는 이 잔이 지나갈 수 없다면 아버지의 뜻대로 하소서. 한 방울도 남기지 않고 다 마시겠나이다"(42절 참고).

슬픔의 잔이고 진노의 잔이다. 우리에게 복의 잔을 마시게 하시려고 그분은 저주의 잔을 마시신다. "아버지의 원대로 되기를 원하나이다"(42절). 그분이 가장 사랑하시는 이들에게로 돌아와 보니 그들은 또 자고 있다.

그분은 못내 슬프셨을까? 실망하셨을까? 아니면 자비롭게도 그들에게 그냥 잠이 필요함을 아셨을까?

그렇게 너그러우실수록 그분의 고립감은 더욱 깊어진다. 그분은 다시 기도하신다. 자신의 뜻을 아버지의 뜻에 복종시키는 과정을 몸으로 재현하신다. 세 번째로 돌아오셨을 때도 그들은 자고 있다. 그래서 그분은 그들을 깨우신다. 횃불과 절그렁거리는 칼 소리가 다가오고 있다. 때가 되었다. 그런데 그분은 혼자시다.

**예수께서 하나님의 외면을 감내하셨기에
우리는 늘 하나님께 받아들여질 수 있다.**

* * *

하루하루가 길고 버거운 데다 감정이 소용돌이치고 앞길이 막막할 때면, 이불 속에서 꼭 쥐어 주는 남편의 손이 내게 큰 위안이 된다. 그 상태로 안식할 수 있다. 나와 **함께하는** 사람이 있기 때문이다. 인간은 누구도 혼자여서는 안 된다.

겟세마네 동산에서 예수님은 철저히 혼자셨다. 친구들은 함께 기도하지 않았고, 곧 아버지의 얼굴마저 잃으셨다. 감당할 수 없을 정도로 깊은 상실이었다. 그런데 이 모든 와중에도 그분은 아버지의 외면을 받아들이셨다. 예수께서 하나님의 외면을 감내하셨기에 우리는 늘 하나님께 받아들여질 수 있다.

어두운 밤에 우리가 해야 할 일은 무감각해지거나 숨는 게 아니라 예수님 곁에 거하는 것이다. 거하다(abide)라는 단어의 영어와 게르만어 어원은 '그대로 있다, 머물다, 당차게 기다리다, 준비되어 있다, 묵다, 깨어 있다'라는 뜻이다. 과거형(abode)은 지금도 거처나 집을 뜻하는 명사로 쓰인다.

예수님은 우리에게 하나님 곁에 거하며 집처럼 아버지 안에 사는 법을 보여 주신다. 우리가 하나님의 뜻을 받아들이는 과정―그분 곁에 거하는 방식―도 예수께서 사망의 골짜기를 통과하신 과정과 똑같아야 한다. 말하기보다 어쩌면 더 많이 신음하며 듣는 솔직한 기도가 필요하다. 껄끄러운 질문을 거쳐서 마침내 하나님의 뜻에 순복하는 것이다. 돌보아 주실 그분을 신뢰하면서 말이다. 이것이 하나님께 자신을 의탁하는 자세다. 우리도 다 적막한 일을 겪어서 안다. 이 땅에도 적막한 곳이 있고 우리 안에도 깊은 동굴이 있다. 우리 삶에 적막한 시절이 닥쳤을 때는 앞길이 막막했다. 당연히 싫다.

그래서 우리는 자신의 한계를 하나하나 직시하기보다는 측정 가능한 것들을 기준으로 자신의 정체성을 지어낸다. 사망의 골짜기에서 지팡이와 막대기로 우리를 안위하는 좋으신 길잡이를 따르기보다는 상실과 고통을 피해 달아나 무감각해진다. 하나님과 사람들 곁에 거하기보다는 자신을 보호하기에 급급해진다.

자신의 한계를 인정하고 하나님께 드리면 우리도 점차 예수님과 같아진다. 우선 사람들의 도움과 하나님 아버지의 음성이 절실히 필요함을 인정하게 된다. 우리의 시조가 첫 동산에서 실패한 일을 예수님은 겟세마네 동산에서 하셨다. 자신의 소원과 뜻을 사랑의 아버지께서 정하신 한계 안에 두셨다. 그분은 고통 속에 거하시고, 아버지 곁에 거하신다. 제자들이 곁에 머물지 않는데도 그분은

> **예수님은 세상을 구원하시려고
> 자신의 자율성을 제한하신다.**

 기꺼이 버림받고 죽으신다. 임박한 고통과 외로운 십자가를 받아들이신다. 문에 엎드린 죄의 실존적 무게 앞에서도 예수님은 사랑 때문에 일부러 자신을 제한하신다.

 예수님은 세상을 구원하시려고 자신의 자율성을 제한하신다.

* * *

 내 마음을 사로잡은 문구가 있다. 내 친구 로라 패브리키(Laura Fabrycky)가 쓴 『본회퍼 집의 열쇠들』(*The Keys to Bonhoeffer's Haus*)에서 접한 죽음의 예술(*ars moriendi*; 아르스 모리엔디)이라는 표현이다. 어감이 참 좋다. 우리는 별의별 딴청을 부려 죽음을 몰아내지만, 죽음은 오히려 초대일 수 있으며 예술마저 내포하고 있다. 죽음은 우리가 알던 모든 것을 앗아 가는 저승사자라기보다 어구와 어구 사이의 쉼표 같은 것이다.

 그 책의 저자는 디트리히 본회퍼(Dietrich Bonhoeffer)의 생애를 "죽음의 예술의 결정체"로 소개한다. 위의 라틴어 문구는 15세기의 임종 지침서들에서 기원했다. 죽어 가는 사람의 곁에 사제가 제때에 오지 못할 경우 평신도에게 유용하게 쓰이던 책자들이었다.

책자의 권고대로 그리스도인이 물리쳐야 할 특정한 유혹이 있었다. 신앙을 버리려는 유혹, 절망에 빠지려는 유혹, 인내심을 잃고 허영이나 교만에 굴하려는 유혹, 탐욕을 부리려는 유혹 등이다. 다시 말해서 유혹을 물리치라는 각 권고는 곧 덕을 지키라는 초대였다. 죽어 가는 사람은 믿음, 소망, 인내, 겸손을 지키면서 재물과 명성에 초연해야 했다.

잘 죽는 예술에는 자기를 보호하려고 고통을 피해 더 안전해 보이는 풍경 속으로 달아나는 게 허용되지 않았다. 제자들은 겟세마네에서 실패했지만, 그리스도 곁에 거하려면 누구나 상실과 미지의 과정을 받아들이고 고통을 통과해야 한다. 패브리키는 죽어 가는 이들을 위한 그 지침서들이 "생명의 길은 사망의 골짜기조차 휘돌아 나간다는 희망을 주었다"라고 썼다.[1] 우리도 마지막 숨을 거둘 때 그리스도 곁에 거하기를 소원한다. 아울러 우리는 일상의 크고 작은 상실 속에서도 그분 곁에 거하기를 연습한다.

깨어 있어 기도하며 상실과 고난 속에서 그리스도 곁에 거하는 법을 배우면, 희망의 근육이 튼튼해진다. 그래서 우리는 어떻게든 고통을 피하는 게 아니라 고통을 **통과하기를** 연습한다.

이것이 성경의 이야기다. 하나님은 사랑이시며, 이 우주의 하나님이 우리를 지극히 사랑하신다. 그래서 그 무엇에도 단념하지 않으시고 죽음마저 불사하여 자신의 잃었던 사람들을 되찾으신다.

그분은 우리를 집으로 데려가신다. 그 문장을 우리는 자신의 소속을 밝히는 뜻으로 장식품처럼 벽에 붙여 놓을 수도 있다. 그러나 정작 매일의 크고 작은 죽음에 부딪치면, 더 여유로운 삶은커녕 끝없이 성취하려고 숨 막히게 살아갈 때가 많다. 무덤에 갈 때까지도 우리는 바쁘게 쫓기는 삶으로 자신의 가치와 자격을 입증하려 하기 일쑤다. 그럴 게 아니라, 죽음이 통과 의례일 뿐이라고 속삭여 주는 좋으신 하나님께 자신을 맡겨야 한다.

고통을 통과하려면 감정을 있는 그대로 느껴야 한다. 울거나, 분노를 터뜨리거나, 장시간 운동하면서 하나님께 소리를 지르거나, 우울한 중에 외마디 기도를 내뱉을 수도 있다. 당신은 자신의 한계나 고통을 피해 달아나지 않고 의지적으로 시종 예수님 곁에 붙어 있을 수 있는가?

하나님은 일부러 당신의 한계를 쓰실 수 있다. 한계를 통해 바짝 다가오셔서, 결코 당신을 떠나지 않겠다고 속삭여 주실 수 있다. 더 많이 성취하려고 잠을 안 자거나 자신의 정신 질환에 대해 거짓말하거나 몸의 호소를 무시하면, 이 초대를 놓친다. 사랑받을 자격을 얻고 싶어서 무리하면 그렇게 된다.

당신의 한계는 하나님의 임재 안으로 들어오라는 초대다. 그분은 그 한계 속에서 당신을 만나기 원하신다.

예수님은 한계를 그분께 가져오라고 당신을 부르신다. 재주 부리길랑 그분의 발밑에 내려놓고, 이대로 받아 주시는 하나님의 음성을 들으라 하신다. 우리는 일상의 갖가지 작은 선택을 통해 이 초대에 응할 수 있다. 예컨대 뉴스를 복음의 진리처럼 대하는 게 아니라 하나님의 이야기 속에 잠긴다. 힘써 관계를 회복한다. 반응하기 전에 심호흡부터 한다. 자신에게 쓰고 싶은 시간과 돈을 기부한다. 회한에 젖어 과거를 돌아보거나 거창한 자체 계획으로 미래를 보장받으려 하기보다 현 순간을 살아간다. 내게 주어진 특권으로 목소리를 낼 수 없는 사람들을 돕는다. 모이기를 힘쓰고 함께 주목하면서, 우리의 한계가 곧 하나님을 알고 알리라는 초대라는 이 이상한 역설 속에서 안식한다.

※ ※ ※

이렇듯 우리가 경험해야 할 '아르스 모리엔디'는 다른 이야기에서 비롯한다. 알다시피 이 복음의 이야기는 죽음을 휘돌아 나가므로 (예수님의 죽음만이 아니라 우리의 어두운 곳들도 마찬가지다), 자아에 대한 작은 죽음이나 더 크고 불가해한 상실은 다 그리스도 곁에 거하라는 초대다. 우리만 그분의 고난 속에 거하는 게 아니라 그분도 우리의 고난 속에 거하신다. 우리는 거함의 예술로 부름받았다.

거하려면 깨어 주목하면서 그대로 있어야 한다. 앞서 말했듯이 '거하다'(abide)의 과거형(abode)은 집의 동의어로 쓰이며, 흥미롭게도 16세기 어원은 '속죄하다'와도 관련이 있었다. 존 밀턴(John

> 그리스도가 죄의 얼룩 속에 거하셨기에
> 우리는 하나님의 사랑의 집으로 영접받는다.

Milton)의 『실낙원』(*Paradise Lost*, 동서문화사)에서 그 용례를 볼 수 있다.

그 책 4권에 보면 타락한 천사 사탄이 아담과 하와를 꾀어 죄에 빠뜨릴 궁리를 한다. 그가 한탄하며 말하듯이, 그는 지옥에 혹해 있지만 이제 하나님처럼 전능해지려는 자신의 허풍 속에 거하거나 그 허풍을 속죄해야 한다. 그래서 이렇게 외친다. "나도 참 딱하지! 사람들은 내가 이토록 헛된 허풍 속에 악착같이 거해야 함을 모르겠지."[2] 사탄은 죄 속에 거함으로써 속죄해야 하지만, 우리는 다른 집에 거하도록 초대받았다.

그리스도가 죄의 얼룩 속에 거하셨기에 우리는 하나님의 사랑의 집으로 영접받는다. 그리스도의 거하심 덕분에 우리는 스스로 속죄할 필요 없이 해방되어 환대를 받는다. 그냥 거하면서 하나님이 하실 일을 소망 중에 기다리면 된다.

이 초대대로 우리는 고통과 깊은 외로움 속에서도 예수님의 몸이라는 집에 그대로 머물러 있으면 된다. 이로써 우리가 고백하는 사실이 있다. 죄가 우리의 갈망과 습관을 변질시킨 결과, 평소에 우리는 하나님의 집 안에서 한계를 보호받기보다 걸핏하면 한계를 피해 달아난다는 것이다.

사역이 힘들 때면 우리 부부는 이 **거한다**는 단어에서 깊은 위안을 얻는다. 우리의 소명은 문제를 해결하거나 사람들을 변화시키거나 자기개발에 힘쓰는 게 아니다. 단순히 '굳게 붙잡는' 것이다. 우리는 세상을 개조하거나 더 덕스러운 사람으로 변신하라고 부름받은 게 아니다. 그저 자신의 한계를 수용하면서 우리 곁에 거하실 그리스도를 신뢰하도록 부름받았다. 끝까지 충실하게 남아 있도록 부름받았다.

상실이 깊을 때는 그대로 머물러 있기가 가장 어려울 수 있다. 자책하거나 고통을 외면하고 싶어지기 때문이다. 상실과 고난을 속죄하려고 비수 같은 말을 자신에게 겨눌 수도 있다. 하지만 알아야 할 것이 있다. 고통이 잘 받아들여지지 않을 때도 우리는 앞서가실 선한 목자를 신뢰할 수 있다. 알다시피 그분은 여전히 우리 곁에 거하신다.

상실을 온몸으로 받아들이자. 피투성이 몸으로 숨을 몰아쉬시는 그리스도가 우리와 동행하신다. 그분은 악의 폐부를 아시며, 친히 수치를 당하셨다. 사지가 잘려 나가고 육체와 정신과 영혼이 해체되는 느낌도 맛보셨다. 그런데도 그분이 십자가 위에서 굳이 하신 말씀들은 성경의 깊은 근간을 이룬다. 예수님은 우리를 사랑의 집으로 영접하시려고 스스로 목숨을 버리셨다.

받아 주시는 그분의 사랑이 깊은 어둠 속에서도 우리 곁에 거하기에, 우리는 결코 혼자가 아님을 안다. 더 여유로운 삶은 사망의 음침한 골짜기에서 열린다. 예수님의 길을 따르면 우리에게 혼란 속에서도 평안이, 절망 속에서도 그분의 변함없는 임재가, 어둠 속에서도 희망이 주어진다.

중동 지역의 유대인으로서 예루살렘 시외의 언덕에서 십자가에 달리신 그분, 바로 그분의 몸을 통해 우리는 더 여유로운 삶으로 영접받는다.

여기 문이 있다! 우리는 그 안으로 들어갈 것인가? 그분이 곧 문이다. 그 문 너머에 풍성한 삶이 있다. 사실 그분은 여유로운 삶으로 들어가는 문 이상이다. 예수님 자신이 곧 여유로운 공간이시다. 그분 곁에 거하라. 그분도 당신 곁에 거하신다.

* * *

예수님, 저는 주님의 죽음을 이해하지 못합니다.
주님은 조롱당하고 성문 밖의 거친 땅으로 가서 목숨을 버리셨지요.
그리하여 주님의 사랑으로 한 백성을 낳으셨고,
제게도 하나님께 받아들여지는 선물을 주셨습니다.
지금 저의 상실을 세어 보며 일일이 지목하게 하소서.
솔직히 저는 죽음이 두려워요.
죽고 싶지 않고, 제 계획이나 이상에 대해서도 죽기 싫어요.

다 내려놓으면 제가 사라지거나
투명 인간이 되거나 잊힐까 봐 두렵습니다.
하지만 주님이 생명의 떡이시며
결코 저를 버리지 않으실 것을 신뢰합니다.
사망의 음침한 골짜기로 인도하실 때도 저와 함께하소서.
제게 믿음을 주셔서 주님이 예비하신 삶을 받아들이게 하시고,
용기를 주셔서 자아의 수없이 많은 작은 죽음을 다 감수하게 하소서.
그리하여 제 안에 주님의 진정하고 풍성한 삶이 태어나게 하소서.
진정한 삶을 원합니다.
하나님, 제 영혼이 여유로워져서
제가 두려움도 없고 자의식도 없이 늘 자족했으면 좋겠습니다.
제 안의 이 작은 씨앗을 주님이 키워 주소서.
주 그리스도시여, 밤새도록 제 곁에 거하소서.
아멘.

11 사랑의 난간을 따라

소망에 놀라라는 초대

유타주의 어느 가을 날, 두 어린 아들을 승용차에 태우고 단풍 구경에 나섰다. 협곡 사이로 난 길도 아름다웠지만 우리는 더 기막히게 울긋불긋한 절경을 원했으므로 좁은 산길로 계속 올라갔다. 고지에는 이미 겨울이 와 있었다. 아이들은 눈을 보고 좋아서 어쩔 줄 몰랐다! 나도 감탄하면서 임신 중인 복부에 안전벨트를 꼭 조였다. 길이 좁아져 맞은편 차가 지나가려면 우리 차가 비탈 쪽으로 바짝 붙어야만 했다. 난간이 없어 약간 위험해 보였다. 뜻밖의 이른 눈에 바퀴가 꼼짝없이 빠져 있는 차도 몇 대 보였다. 달력 상으로는 가을인데 실제로는 겨울이었다.

그런데 1-2킬로미터쯤 더 가 보니 우리도 눈에 빠진 차들과 똑같은 운명이 될 게 뻔했다. 그래서 돌아 나와야 했는데, 문제는 조금씩 후진과 전진을 반복해서라도 차를 돌릴 만한 공간이 없다는 것이었다. 차가 쭉 미끄러지는 바람에 남편이 재빨리 수동 브레이크를 걸었다. 좁으나마 갓길이 나왔을 때 어렵사리 유턴을 시도했다. 나는 안전벨트를 붙들고 잘되기를 기도했다. 차가 눈에 빠져 바퀴가 헛돌 것만 같았다. 한 번 엄하게 쏘아 보는 내 눈빛에 두 어린아이도 알아서 조용히 했고, 덕분에 남편은 당면 과제에만 집중

할 수 있었다. 난간 없는 산길에서 뒷바퀴가 갓길을 벗어나 전원 추락사하는 장면을 상상하지 않으려 했다. 내가 좌석에 몸을 파묻고 심호흡을 하며 속으로 기도하는 동안, 남편은 신중에 신중을 기하여 차가 비탈로 떨어지지 않게 함과 동시에 바퀴가 눈 속에 너무 깊이 박히지 않게 했다.

마침내 완전히 방향을 돌렸을 때 내 호흡도 정상으로 돌아왔다. 내가 공포에 떨었다는 말은 어린아이들을 생각해서 입 밖에 내지 않았다. 막아 줄 난간이 없는 그 길에서 우리는 얼마든지 벼랑 밑으로 굴러 떨어질 수도 있었다.

하나님이 지켜 주신 것과 남편의 운전 실력, 귀갓길의 평평하고 안전한 간선 도로에 완비된 난간을 인해 감사했다.

* * *

우리는 난간이 자유를 제한한다고 생각한다. 자유가 속박에서 벗어나는 것이라면, 삶이 우리의 통제권 안에 들어오기는 한다. 하지만 어느새 우리는 자신이 추구하는 것들 속에 갇히고 만다.

좋은 난간은 우리를 벼랑으로 떨어지지 않게 지켜 줄 뿐 아니라 놀고 탐험하고 심지어 실패할 여지까지 허락한다. 그래도 무사할 줄을 알기 때문이다. 창의력은 제약 속에서 활짝 피어난다. 내 친구 하나가 대학에서 미술 과목을 들었는데, 교수가 학생들에게 한 학기 내내 두 보색만 쓰게 했다고 한다. 이는 친구의 창의력에 제동을 걸기는커녕 오히려 더 날개를 달아 주었다. 한계는 안정감도 주어 불안을 줄여 준다. 시시 고프(Sissy Goff)의 글에 보면, 불안한 아이가 교사나 보모에게 할 수 있는 걱정의 질문이 종류별로 하루에 다섯 번까지로 제한된다. 그러자 아이는 "뇌의 걱정"을 차단하고[1] 천천히 생각할 줄 알게 된다. 부대 효과로 아이에게 감정을 스스로 조절하는 법까지 가르칠 수 있다. 이런 난간은 우리에게서 무엇을 앗아 가는 게 아니라 오히려 형통에 꼭 필요한 제약을 마련해 준다.

이렇듯 우리는 하나님이 주신 한계 덕분에 형통할 수 있다. 문제는 대개 우리가 본능적으로 그렇게 생각하지 않는다는 것이다. 거기서 깨어나려면 부활만큼이나 특단의 사건이 필요하다. 제임스 스미스(James K. A. Smith)는 이렇게 썼다. "단지 무엇에서 **벗어나는** 자유가 아니라 무언가를 **위한** 자유의 **위력**을 맛보려면, 내 독립을 다른 종류의 의존과 맞바꾸어야 한다. 나 자신의 한계 앞에서 깨닫는 바지만, 궁극적으로 자유로워지려면 나 아닌 누군가에게 의존해야 한다."[2] 더 여유로운 삶에 이르는 길은 독립이 아니라 의존이다.

그런데 "나 자신의 한계 앞"이 희망보다는 오히려 절망처럼 보일 수 있다. 어느 아침에 나는 촛불을 켜 놓고 손에 찻잔을 들고 소파에 앉아 있었다. 이사를 준비하느라 집이 점점 휑해졌다. 집처럼 우리 영혼에서도 온갖 잡동사니가 치워져 나갔다. 정적만이 감돌았다. 이도 저도 아니고 중간에 끼어 기다리는 심정이었다. 십자가의 죽음과 부활 사이에 낀 날인 성 토요일이 생각났다. A. J. 스워보다(Swoboda)는 "난감한" 그날을 "앞일이 막막한 채로 앉아서 기다리며 소망하는 축일"이라 표현했다.[3] 한편으로 하나님이 이번에도 우리에게 선하고 신실하실 것이라는 소망이 나를 떠받쳐 주었지만, 또한 딱히 확정된 게 없어 망연자실한 상황이었다.

사람들은 갈 바를 알지 못하고 하나님을 따라가는 우리가 용감하다고 말했다. 하지만 우리는 마치 꿈속에 살면서, 아브라함처럼 하나님이 지시하실 땅을 보려고 옮겨 다니며 기다리는 심정이었다. 나 자신이 별로 대단하거나 신실하거나 영적이라고 느껴지지는 않았다. 나는 정확히 무엇을 찾아야 할지도 몰랐고, '그것'이 주어졌을 때 어떻게 알아볼지도 몰랐다. 그 길고 긴 성 토요일 기간에 내가 할 줄 아는 일이라고는 앉아서 기다리며 소망하는 것뿐이었다.

* * *

예수님의 부활을 예상한 사람은 아무도 없었다. 하지만 일요일 새벽에 그분은 다시 숨을 쉬셨고, 동산에서 마리아를 놀라게 하셨다. "마리아야." 너무도 귀에 익은 목소리로 자신의 이름이 불렸을 때, 그녀의 마음은 온전히 회복되었다.

어둠을 몰아내는 것은 언제나 친밀함이다.

어둠을 몰아내는 것은 언제나 친밀함이다.

그녀는 달려가 그분을 부여잡으며 외쳤다. "선생님!" 그리고 다시 달려가 제자들에게 이 소식을 알렸다. 기쁜 소식을 전하는 최초의 전도자가 된 것이다. 사망이 죽었다! 모든 슬픔이 걷힌다!

예수님을 따르던 무리는 상심하여 비탄에 젖어 있었다. 그중 두 제자가 그날 오후 이미 무리를 떠나, 걸어서 엠마오로 먼 낙향 길에 올랐다. 길에서 부활하신 그리스도를 만났으나 다른 길손인 줄로만 알았다. 부활하여 동행하신 예수님의 애정은 그들이 낙심 조로 건넨 인사에 대비되어 더욱 돋보인다(눅 24:13-16 참고).

"너희가 주고받는 이야기가 무엇이냐"라는 예수님의 물음에 글로바는 풀죽은 모습으로 믿을 수 없다는 듯이 되묻는다. "당신이 예루살렘에 체류하면서도 거기서 된 일을 혼자만 알지 못하느냐." 그러면서 이 길손에게 나사렛 예수에 대해 말해 주고 자신의 비통한 심정과 깊은 실망도 토로한다. "우리는 이 사람이 이스라엘을 속량할 자라고 바랐노라"(17-21절 참고).

"우리는 바랐노라." 우리도 자주 하는 말이다.

그래서 길손 예수님은 슬픔과 상심과 낙담에 빠져 있는 그들과 함께 걸으며 성경을 풀어 주신다. 율법과 선지서를 재해석하여 "그리스도가 이런 고난을 받고 자기의 영광에 들어가야 할 것"(26절)을 보여 주신다. 에덴동산에서 시작하여 시내산의 율법을 거쳐 선지서에 이르기까지, 전체가 시종 자신을 가리키고 있음을 밝히신 것이다.

날이 저물자 두 길손은 동행에게 묵어 갈 것을 권한다. 그런데 손님이 주인으로 바뀌어 빵을 떼어 주자 갑자기 그들의 눈이 뜨인다. 회복 불능으로 찢기셨던 몸이 다시 멀쩡해져 그들의 시야를 가득 메운다. 바로 예수님이시다! 그분이 살아서 함께 음식을 드신다! 꺾였던 희망이 반전되어 완전히 새 옷으로 갈아입는다.

그들은 그 순간의 환희를 되새기며 말한다. "길에서 우리에게 말씀하시고 우리에게 성경을 풀어 주실 때에 우리 속에서 마음이 뜨겁지 아니하더냐"(32절). 그때 벌써 어렴풋이 알았던 것이다. 그러다 빵을 떼실 때 그분의 정체가 드러난다. 주인이 자신의 몸을 떼어 주신 셈이다. 그래서 그들은 두려움과 겁에 질려 있던 제자들의 방으로 11킬로미터를 도로 달려가 소망을 증언한다(33-35절 참고). 꿈과 소속감의 모든 균열이 그 소망으로 메워졌다.

* * *

아무도 예수님 같은 메시아를 예상하지 못했다. 메시아가 죽어 그 죽음을 통해 사망과 지옥의 권세를 물리치고 다시 살아나실 줄은

사랑이신 그분이 직접 개입하지 않으시는 한 우리는 부활을 상상할 수도 없다.

아무도 몰랐다. 깜짝 놀라 차마 믿지 못하던 제자들의 불협화음이 복음서의 일화들에도 나타나 있다. 어떻게 이럴 수 있단 말인가? 그런데 그게 사실이었다.

사랑이신 그분이 직접 개입하지 않으시는 한 우리는 부활을 상상할 수도 없다. 우리는 "붙들 수 없는 것에 붙들리고"[4] 안을 수 없는 것에 안겨야 한다. 유한한 우리가 무한하신 그분의 은혜에 붙들리면 놀랄 수밖에 없다. 소망에 놀라는 것이다.

부활은 미래의 실재인 소망을 현재 우리의 작은 유형(有形)의 삶 속에 들여놓는다. 톰 라이트(N. T. Wright)는 "부활절은 소망이신 그분이 미래에서 현재로 건너와 온 세상을 깜짝 놀라게 하신 날이다"라고 표현했다.[5] 예수님은 마리아의 절망과 엠마오로 가던 두 제자의 낙담을 해결해 주신다. 미래의 우주적 소망으로 그들을 놀라게 하여 절망을 퇴치하신다. 하지만 소망이신 그분은 평범한 실생활 속에서도 그들 곁에 다가와 앉으신다. 터덜터덜 걸어서 낙향하거나 동산의 한적한 데서 우는 그들을 찾아가신다.

그들처럼 우리도 상상력이 미진하고 유한하므로 하나님이 그분의 방식으로 역사해 주셔야만 한다. 부활의 놀라운 소망이 설거지와 공부, 싸움과 절망, 걸음과 애통의 한복판으로 우리를 찾아와야 한다. 시간, 몸, 애정, 소명의 한계를 무시한 채 우쭐대고 으스대며 으레 과로하는 우리의 삶 속으로 말이다.

우리는 부활의 능력이 거창하고 화려하게 나타나 황홀감을 주고 일상을 영광스레 바꾸어 놓기를 바란다. 물론 부활은 환상적일 수 있다. 그러나 제자들의 삶을 따라가 보면 알 듯이 부활은 소망에 놀라라는 초대이기도 하다. 이 소망은 대개 작고 평범해 보인다. 동산, 대화, 함께 길을 걷는 사람, 빵과 포도주처럼 말이다.

그래서 텅 빈 거실에서 나는 소망에 놀라게 해 달라고 기도한다. "아직 가 보지 못한 나라의 소식"[6]을 전해 주실 길손을 만나기를 사모한다. 그곳은 우리가 보면 알 만한 곳이다. 그분은 평범한 삶에 가치를 부여하시며, 부활로 가는 길목에서 이정표를 가리켜 보이신다. 내가 할 일은 하나님이 어떻게 역사하실지를 점치는 게 아니라 그분이 주신 난간 안쪽에 머무는 것이다. 이렇게 그분은 우리를 소망으로 초대하신다.

* * *

어떻게 하면 상상의 지경을 넓혀, 무모한 낙관론에 빠지지 않으면서도 소망을 품을 수 있을까? 어떻게 소망을 가꿀 수 있을까?

대평원의 농부들은 집의 뒷문까지 불과 몇 미터를 남겨 두고 얼어 죽었다고 한다. 지독한 눈보라 속에서 돌아오다가 헛간과 집 사이에서 길을 잃었던 것이다. 그래서 많은 농부가 집에서 헛간까지 손에 잡을 유형의 장치인 밧줄을 묶어 놓았다. 양쪽 사이의 이 구명줄이 닻이 되어 그들을 무사히 집으로 인도했다. 그들에게는 이것이 난간이다. 밧줄이 그들의 동작과 자유를 제한하지만 그것이 없으면 죽는다. 그야말로 밧줄의 제약이 실제로 목숨을 살린다.

우리의 한계도 우리를 방해하는 구속이 아니라 하나님과 친밀해지는 통로다. 한계의 미덕을 인정하고 받아들일 때만 소망도 품을 수 있지 않을까? 통제하고 속이는 사람, 인정과 명성을 얻으려 애쓰는 사람, 사랑받을 자격을 계속 입증해야 하는 사람은 대개 냉소에 빠져 헤어나지 못한다. 상상력이 부진하여 자기 머리로 납득되지 않으면 그 이상으로 넘어가지 못한다.

은혜는 이것을 뒤집는다. 부활은 우리를 놀라게 한다. 아름다움은 우리를 다시 빚는다.

어정쩡한 상태로 임시 집에 머물던 그 시절에, 이 놀라운 소망이 내게도 살짝 뚫고 들어왔다. 벽에 걸린 그림들[7]이 나를 매료했다. 그중 하나를 자세히 들여다보며 생각에 잠겼다. 마리아와 예수님의 머리에 원광이 둘려 있는데, 배경이 하필 버려진 주유소였다. 발에 밟히는 나무판자의 느낌과 발가락을 간질이는 페르시아 융단의 촉감도 좋았다. 체크무늬 담요를 두른 채 찻잔을 들고 벽난로

앞에 웅크려 앉아 장작과 불꽃이 탁탁 타는 소리를 들었다. 아주 오랜만에 편지도 몇 통 썼다. 아이들을 침대에 누이고 큼직한 솜이불을 덮어 주었다. 에어컨 송풍관까지도 아름다웠다. 장기적인 답은 하나도 없었지만, 이 아름다운 순간이 내게 있었다. 내가 아름다움과 휴식에 이토록 굶주려 있었는지 미처 몰랐지만, 막상 그 속에 들어오니 눈물이 절로 났다. 멀어진 지 오래인 그 나라는 다시 돌아온 나를 반겨 주었다.

물론 우리는 아직 집에 다 오지 않았고 여태 가는 중이다. 그래서 기다리고, 걷고, 예수님이 주신 평범한 방식들로 소망을 가꾼다. 자신을 너무 심각하게 대하지 않고, 계획에도 융통성을 둔다. 뜻밖의 일을 예상하고 부활을 기대한다. 여기는 새로운 세계이니 말이다. 나는 성경의 밧줄을 쥐고 있다가 불안해지면 말씀을 암송한다. 자연스럽게 아이들이나 남편에게 함께 기도하자고 청한다. 교회 출석을 한두 주 쉬면 묘한 해방감이 들 줄로 알았는데, 알고 보니 그것을 그만두면 죽을 것 같다. 이 모두는 내게 구속이 아니라 난간이다. 나를 집으로 인도하는 밧줄이다.

세간을 거의 들어낸 그 집에서 절망의 순간에 촛불을 훅 불어 끄는데, 밀랍과 연기 냄새가 나를 어릴 적 할머니의 감리교회로 데려갔다. 나무 의자는 불편했고 예배는 격식이 많았다. 할머니는 나를 어린이 주일학교에 데려다 주겠다고 했지만 나는 늘 예배 시간

**부활하신 그리스도는 평범한 때에 평범한 곳에서
평범한 방식으로 우리를 만나 주신다.**

내내 할머니 곁에 남았다. 이제 보니 걸어온 믿음의 길이 멀기도 하다. 어렸을 때부터 나를 두르고 이끄는 울타리가 있었고, 따라야 할 좋은 난간이 주어졌다. 덕분에 지금 어떤 밧줄을 잡아야 하고 어떤 밧줄이 나를 안정시켜 주는지를 안다.

* * *

부활하신 그리스도는 평범한 때에 평범한 곳에서 평범한 방식으로 우리를 만나 주신다. 마리아를 부르셨듯이 우리의 이름을 불러 주신다. 그분은 도마에게 자신의 흉터에 손을 넣어 보게 하셨고, 긍휼히 여기는 마음으로 엠마오 도상을 걸으며 대화하셨다. 우리에게도 그저 길을 같이 가자고 청하신다. 도중에 그분은 우리의 풀죽은 절망, 불신, 냉대, 슬픔, 기다림 속에서 우리를 만나 주신다. 유한한 우리는 언제고 그분께 가기만 하면 된다. 알다시피 소망이 우리의 살 길이다.

우리의 냉소와 통제와 경멸을 자제하자. 더 **알기만** 하면 더 능**해질** 것이라는 생각도 버리자. 유한한 우리는 낙심한 모습 그대로 솔직하게 예수께 가면 된다. 그러면 사랑받는 자녀인 우리에게 그분은 길이 어두울 때도 능히 소망을 품게 해 주신다. 우리의 좋으신 길잡이가 이 길을 앞서가셨다.

부활은 우리를 소망으로 초대한다. 이 소망은 우리만을 위한 것이 아니라 우리가 세상에서 하는 일을 위한 것이기도 하다. 그래서 한계는 우리를 방해하는 장애가 아니라 청지기로서 잘 활용해야 할 절제의 은사다. 그리스도는 참으로 자유로운 유일한 인간이셨지만, 사랑으로 자유를 나누어 주시려고 자신의 자유를 제한하셨다. 그 사랑을 덧입은 우리도 하나님과 사람들을 사랑하되 한계에도 불구하고가 아니라 한계를 통해 사랑해야 한다.

작은 일에 충실하자. 우리는 시트를 갈고, 일하고, 친구를 격려하고, 식사를 대접하고, 신앙의 난간을 따른다. 자신의 이른바 자유를 제한하여 다른 사람들을 형통하게 한다. 식사 준비, 설거지, 화초 물 주기, 세금 신고도 다 그에 해당한다. 소망이신 예수님이 거기서 우리를 만나 주신다. 이것으로도 또한 충분하다. 작은 일만으로도 충분히 소망이 들어설 여지가 있다.

* * *

주 하나님, 제 한계와 딱하도록 좁은 상상력에 부딪칠 때면
  절망에 빠져 저 자신밖에 보지 못하기가 쉽습니다.
주 그리스도시여, 제 영혼의 근육을 튼튼하게 하셔서
  주님의 선하심을 말하게 하소서.
  저 자신에게도 그 이야기를 되뇌게 하소서.

제게 용기를 주셔서
부활을 닮은 작은 일들에 충실하게 하시고,
다른 사람들도 함께 주님의 난간을 잡고
이 길을 저와 동행하게 하소서.
제 한계를 통해 주님과 사람들을 사랑하게 하소서.
주님의 소망으로 저를 놀라게 하시고 떠받쳐 주소서.
아멘.

12　변기를 청소하는 슈퍼히어로

목적을 두라는 초대

당시 스물일곱 살이던 나는 15분간의 휴식 시간에 여자 화장실에서 모유를 짰다. 타일 바닥에 털썩 주저앉아 베이지색 합금 문에 둘러싸인 채로, 위층 호텔 방에 친정 어머니와 함께 있는 아기를 생각했다. 남편과 나는 아래층 컨퍼런스 센터에 딸린 방에서 나흘을 보냈다. 주말에 나라 반대편에서 날아와 교단 주최의 교회 개척 준비반에 참석하던 중이었다. 면담, 집회, 팀 활동이 반복되었고 식사도 모여서 했다. 그러다 보니 솔직히 화장실의 그 조용한 시간에나마 숨을 돌릴 수 있었다. 거기에는 모유 착유기의 규칙적인 소리와 시원한 바닥뿐이었다.

내 몸과 애정은 아기에게 그리고 밝아 보이는 우리의 미래에 매여 있었다. 다 할 수 있을 것 같았다. 적어도 시도는 해 볼 참이었다. 그전에도 아기가 옆에 웅크려 있고 발치에 개가 있었어도 용케 대학 과제물을 채점하지 않았던가. 그래서 나는 화장실에서는 아기에게 먹일 젖을 짰고, 그 문을 나가서는 질문에 답변했다. 성격 유형과 복음의 유익에 대해 말했고, 대화를 나누었고, 팀으로 활동했다.

후속 조치도 확정되었다. 우리는 포틀랜드의 어느 교회에서 실습하다가 도심에 교회를 개척하기로 했다. 그곳의 날씨에 맞추어

겨울옷도 샀다. 우리의 목적은 명확했고 노정도 정해졌다. 어서 '본격적인 일'을 시작하고 싶었다.

집으로 돌아가는 비행기를 탔을 때는 몸도 마음도 녹초가 되어 있었다. 그런데 아기가 기내에서 시종 앙앙 울었다. 나는 도움을 거부한 채 내가 달래겠다고 고집했다. 아들을 포대기에 싸서 비행기 뒤쪽에서 흔들어 얼렀다. 그러다 보니 내 몸도 흔들려 우리는 술에 취한 2인조 같았다. 기내 조리실에서 비틀거리며 어떻게든 조용히 해 보려 했다. 쳐다보는 시선들일랑 무시했다. 내 힘으로 안 되는 일도 있었다.

포틀랜드로 가려던 계획은 곧바로 무산되었다. 우리는 방향을 잃은 실업자가 되었다. 하나님께 할 질문이 너무 많았으나 그분은 묵묵부답인 것 같았다. 다 수포로 돌아갔으니 이제 우리의 목적은 무엇인가?

* * *

예수님이 부활하신 후 베드로와 몇 제자는 다시 배와 그물로 돌아갔다. 먼동이 틀 무렵 그분이 호반에 서서 "너희에게 고기가 있느냐"라고 물으셨다(요 21:5). 고기는 없었다. 지치고 피곤했을 뿐 수고한 보람이 하나도 없었다. 그분은 그들에게 그물을 반대편에 던지라고 하셨고, 그러자 순식간에 백 마리도 넘는 물고기가 그물 가득히 퍼덕거렸다! 요한은 그분이 예수님임을 알아보았다!

늘 행동이 빠른 베드로는 겉옷을 두르고 배에서 뛰어내려 호반까지 100미터를 헤엄쳐 갔다. 모닥불이 타고 있었다. 숯불과 생선구이 냄새가 그들의 식욕을 돋우었다. 빵도 충분히 준비해 두신 예수께서 "와서 아침을 먹으라. 지금 잡은 생선도 좀 가져오라"라고 말씀하셨다(12-13절 참고).

모두 호반에 앉았다. 사위는 훈훈하고 고요했다. 새벽 빛 아래 모래는 차갑고 모닥불은 따뜻했다. 마침내 집에 온 기분이었다. 그러나 베드로는 심장이 요란하게 쿵쾅거렸다. 뼈아픈 회한이 되살아난 것이다. 바로 자신의 배신이었다. 그는 예수님을 알지도 못한다며 그분을 버렸었다.

그분은 진실하고 흔들림 없는 눈빛으로 베드로를 보셨다. "요한의 아들 시몬아, 네가 이 사람들보다 나를 더 사랑하느냐." 베드로의 심장이 쿵 내려앉으면서 열기가 꺾였다. "주님, 그러하나이다. 내가 주님을 사랑하는 줄 주님께서 아시나이다." 그러자 주님은 "내 어린양을 먹이라"라고 답하셨다(15절).

예수께서 다시 물으셨다. "요한의 아들 시몬아, 네가 나를 사랑하느냐." 이번에도 그는 비통하게 대답했다. 미약한 사랑일망정 결국 그에게 남은 것이라곤 사랑뿐이었다. "주님, 그러하나이다. 내가 주님을 사랑하는 줄을 주님께서 아시나이다." 그분은 다시 "내 양을 치라"라고 명하셨다(16절).

그러고는 이어 세 번째로 물으셨다. "요한의 아들 시몬아, 네가 나를 사랑하느냐." 베드로는 심장이 찢어졌다. "주님, 모든 것을 아시오매 내가 주님을 사랑하는 줄을 주님께서 아시나이다." 예수님은 "내 양을 먹이라"라고 말씀하셨다(17절).

말씀마다 상처이면서 치료약이었다.

예수님이 한밤중에 재판을 받으시기 전, 그분을 향한 베드로의 열정과 사랑은 모닥불 가에서 세 번이나 심문을 당했다. 매번 그는 어둠 속에 숨었다. 그런데 이제 그분이 그에게 아침을 차려 주셨고, 몸도 마음도 지친 제자들에게 음식을 챙겨 주셨다. 그분도 세 번이나 베드로의 사랑에 대해 물으셨다. 다만 매번 그에게 사명을 주셨다. 선한 일, 즉 양을 먹이고 치는 목양을 맡기신 것이다.

이렇게 예수님은 베드로를 회복시키셨다. 성질 급하고 공명심 많고 무모한 이 제자 앞에 거울을 들이대 자신의 배반을 보게 하셨다. 그렇다고 수모를 주신 게 아니라 명확히 정리해 주셨다. 우선 따뜻한 아침을 차려 주신 뒤, 그분은 베드로에게 선한 일―하나님의 양을 치고 먹이는 목회―을 맡기시면서 자신이 선한 목자임을 분명히 보여 주셨다. 이렇게 그분이 받아 주신 덕분에 그는 아름답고도 아프게 자신의 죄를 슬퍼하고 회개할 수 있었다. 창자가 끊어지는 듯한 고통과 상한 심령으로 예수께 나아간 것이다.

끝으로 예수께서 눈을 들며 말씀하셨다. "베드로야, 네가 할 선한 일이 있으니 이제 나를 따르라."

* * *

어쩌면 나처럼 당신도 주목이나 사랑이나 존중을 받으려면 스스로 "다 해야" 하거나 적어도 잠재력을 실현해야 한다고 생각했을지도 모른다. 성과가 없거나 목표를 세우지 않으면 자신이 투명 인간처럼 느껴졌을지도 모른다. 실패했을 때는 베드로처럼 의기소침해졌을지도 모른다. 목적과 사명도 (정체성처럼) **받는** 것인데, 당신은 그것을 **얻어 내야** 한다고 생각했을지도 모른다.

그러나 정체성과 목적을 얻어 내려는 사람은 자신의 한계를 외면하며, 대개 그 과정에서 사람들을 얕보거나 회피한다. 기준에 부합하려면 일을 더 많이 해야 하고, 실패를 속죄하려면 수치심이 더 깊어진다. 우리는 생산과 성취와 측정 가능한 결과라는 무제한의 삶에 익숙해져 있다. 일에 자신의 정체성을 건다. 잠을 거의 못 잤으면서도 아기를 직접 어르고, 도움을 청하지 않고, 이웃을 위해 자신을 내주지도 않는다. 하지만 유급이든 무급이든 일은 우리의 정체성을 형성하기에 역부족이다.

친구여, 바쁘던 삶마저 막을 내리거나 늘 쫓기며 살다 탈진할 때, 예수님은 자비롭게 우리의 한계를 지적하신다. 우리는 자꾸 더 무리할 필요가 없다. 그분이 호반에서 아침을 차려 주신다. 그래서 한계는 우리와 예수님 사이를 막는 걸림돌이 아니라 사랑 속으로

> 바쁘던 삶마저 막을 내리거나 늘 쫓기며 살다 탈진할 때,
> 예수님은 자비롭게 우리의 한계를 지적하신다.
> 우리는 자꾸 더 무리할 필요가 없다.

들어오라는 초대다.

예수님은 당신을 그분의 사랑이라는 난간 안쪽으로 초대하여 베드로처럼 선한 일을 하게 하신다. 하나님의 자비가 당신을 비켜 간 것 같고, 베드로처럼 당신도 그분이 명하시는 선한 일을 감당할 수 없을 것 같은가? 여기 데인 오틀런드가 전하는 기쁜 소식이 있다. "그리스도께서 당신에게 자비를 베푸신다는 증거는 당신의 삶이 아니라 부당한 대우와 오해와 배신과 버림을 받으신 그분의 삶이다. 그분이 영원히 당신을 대신하셨다."[1] 하나님의 호감을 이끌어 내려고 자신의 현 상황을 살피는 일일랑 그만두어야 한다.

예수님이 우리를 회복시켜 선한 일을 맡기심은 그분의 호의를 얻어 낼 기회를 주시기 위해서가 아니라, 이미 우리가 그분의 호의를 받았기에 우리의 목적을 되찾아 주시기 위해서다. 그분은 자녀에게 서류 정리나 망치질을 함께하자고 청하는 아버지와도 같다. 아버지가 이미 하고 계신 일에 우리도 즐거이 동참하게 하시는 것이다.

그러면 일이 달라 보인다. 우리의 일을 종교라는 페인트로 도색

하는 게 아니라 예수님의 방식으로 하는 것이다. 우리의 한계 덕분에 오히려 하나님이 이미 하고 계신 일이 무엇일지 궁금해진다. 일은 우리가 하나님을 영화롭게 하고 그분을 즐거워하는 한 방법일 뿐이다. 협력해서 일하는 아버지와 아들처럼 말이다.

예수님은 베드로에게 작은 일을 맡기셨다. 양을 치고 **먹이라는** 동사였다. 양을 치거나 먹일 때 우리는 형통할 여건이나 먹이를 창조하는 게 아니라 기존의 것을 사용할 뿐이다. 우리는 사람들에게 안전한 장소를 제공한다. 식사를 대접한다. 이미 받은 것을 베푼다. 우리는 창조주가 아니라 증인이고, 하나님의 CEO가 아니라 동료 순례자다.

* * *

여러 해 동안 나는 내 삶의 한계에 저항했다. 상상했던 삶과 현실의 괴리 앞에서 안달복달했다. 잦은 이사와 엄마 노릇에 꼼짝없이 묶인 심정이었다. 밤낮없이 비몽사몽인 상태로 내 몸이 아기의 순례지가 된 마당에 박사 학위가 다 무슨 소용인가 싶었다. 나는 이 이야기가 멋지게 완성되기를 원했다. 학계를 떠난 지 오래지만 교수직이 나오거나, 작가로서 성공할 지름길이 열려야 했다. 그러면 멋진 삶이 될 것이다. 소명과 직업에 대한 이전의 모든 꿈이 다시 선물로 주어진다면 말이다.

알고 보니 그 시절의 선물은 막연한 미래의 성공이 아니라, 평범한 일상 속에서 서서히 아름다움과 목적을 찾아 나가는 오랜 작업이었다. 일상을 소화하는 데만도 내 수완은 거의 매 시간 단위로 한계에 부딪쳤다. 비애의 과정을 통과하고, 잠시나마 몰래 화장실에 혼자 있고, 죽이 되든 밥이 되든 굳이 몇 자라도 글을 쓰는 것, 이런 더딘 몸짓을 통해 나는 훨씬 더 여유로운 공간에 들어설 수 있었다. 그곳의 책임자는 내가 아니었다.

예수님을 따르는 우리는 목적을 직접 만들어 내려는 좁은 생각을 버리고 하나님이 주시는 목적을 받아들여야 한다. 그것이 자신이 상상하던 바와 다를지라도 말이다. 우리 아이들은 더 중요한 일에 방해되는 귀찮은 존재가 아니었다. 그들 덕분에 내 몸의 온갖 한계에, 그리고 어린아이들을 기르던 그 시절의 한계에 눈뜰 수 있었다. 그래서 결국 나는 그 변화에 순응하기에 이르렀다. 심신의 피로를 인정하고, 영혼이 지쳤다고 부르짖으며, 더 넓은 공동체의 도움을 청한 것이다.

한계는 우리를 초대하여 하나님이 세상에서 하시는 일에 동참하게 할 뿐 아니라, 목적이 개인의 추구가 아니라는 것도 알게 한다. 사랑을 위해 자신을 제한하신 예수님은 우리에게 자신을 본받으라 하신다. 우리의 한계를 청지기로서 다른 사람들을 위해 잘 활용하라는 것이다. 한계는 공동체의 여건을 조성한다.

내가 넷째를 낳아 병원에서 데려왔을 때, 자신도 네 아이의 엄마인 교회 친구가 문자를 보내왔다. 며칠 후에 우리 집에 와서 화장실 변기들을 청소해 주겠다는 것이었다. 얼마나 저지분한 일인가. 위로 아들이 셋인데다 그중 하나는 배변 훈련을 시작하던 터라서 특히 더했다. 감히 말하자면 그녀의 제의는 과하다 못해 노동력 낭비처럼 보였다. 하지만 딸이 신생아 중환자실에 있는 동안 나도 지쳤고, 남편이나 나나 변기 청소 같은 작은 일조차 도저히 할 수 없는 상태였다. 그런데 청소는 필요했다.

우리는 "감사합니다! 그렇게 해 주세요!"라고 답을 보냈다. 우리의 한계를 알았기 때문이다. 서로의 한계를 보고 짐을 져 주는 게 예수님의 더 넓은 사랑임을 알았기 때문이다. 내가 연약하기에 다른 사람들이 구체적 행위로 자비와 돌봄을 베풀 수 있다.

목적이 거창할 필요는 없다. 우리는 하나님이 이미 하고 계신 일에 대한 궁금증을 키워야 한다. 그러면 자기 몫으로 받은 일에 너무 심각해지지 않는다. 부름받은 대로 그분의 가업(家業)에 동참할 뿐이다. 망치질도 그렇게 한다. 우리의 선한 일이 제자리를 찾으려면 모든 일을 신성하게 여기고 다 함께 동참해야 한다.

* * *

슈퍼히어로의 신화는 집요하며 특히 여성에게 그렇다. 우리는 어떻게든 만능인이 되어 유능한 직장 여성, 결혼과 가정, 지역 및 교회 활동, 날씬한 몸매와 패션 감각 등을 모두 성취해야 한다고 믿는다. 하지만 예수께서 우리를 불러 동참하게 하시는 일은 우리가 얻어 내는 게 아니라 받는 것이다. 우리의 일과 삶을 모두 하나님께 예배로 돌려 드리는 것이다.

이는 성공한 독불장군의 신화에 어긋난다. 젠 폴록 미셸(Jen Pollock Michel)은 "아버지나 자녀나 모든 인간처럼 어머니도 본래 독립된 존재가 아니다. 용기와 이타심을 발휘하는 독립된 존재라도 마찬가지다. 삶다운 삶에 필요한 것은 영웅주의가 아니라 **의존**이다"라고 지적했다.[2] 자신의 한계를 존중하지 않고 슈퍼히어로 행세를 하면, 우리의 역기능이 주변 사람들에게로 새어 나간다. 성과나 자격에 욕심을 부릴수록 짜증이 늘어 사람을 물건이나 귀찮은 일처럼 함부로 대하게 된다. 넓어지고 성장하여 열심히 공동체를 세우기는커녕 칭찬이나 사랑이나 성공이나 주목을 얻을 일만 쫓아다니게 된다.

한계는 우리에게 다른 사람들이 필요함을 깨우쳐 주고, 하나님이 우리를 위해 예비하신 선한 일을 가리켜 보인다. 그분이 보시기에 우리는 슈퍼히어로가 아니라 섬기는 종이다. 한계는 우리를 하나님의 선한 목적으로 이끌어 준다.

※ ※ ※

베드로가 배반하고 고기 잡으러 돌아갔는데도 예수님은 그날 아침 호반에서 그에게 다시 목적을 주셨다. 성격이나 기질이나 열정이

> **목적의 관건은 우리가 하는 일이라기보다
> 그리스도 안에서 어떤 사람이 되어 가느냐에 있다.**

나 행동의 한계도 그의 사명을 막지 못했다. 오히려 그는 부활하신 예수님과 얼마 후에 오신 성령의 인도하심으로 더 겸손히 일했고, 그 일도 단지 자신을 위한 게 아니라 다른 사람들을 위한 것이었다.

목적의 관건은 우리가 하는 일이라기보다 그리스도 안에서 어떤 사람이 되어 가느냐에 있다. 한계 덕분에 베드로는 그리스도의 사랑 속으로 더 깊이 이끌렸고, 변화를 일으키시는 성령의 능력에 더 의존했으며, 실패하는 사람들을 더 긍휼히 여겼다.

아담과 하와가 첫 한계를 넘어가 하나님의 자상한 손길 바깥에서 형통의 길을 찾으려는 바람에 일은 고역으로 변했다. 가시와 엉겅퀴가 그들에게 맞섰고, 한 아들이 다른 아들을 죽였다. 그러나 그리스도가 부활하여 승천하시고 성령이 오심으로써 일은 구속(救贖)되었다. 물론 완전하지는 않지만 그래도 조금은 일이 그분과의 동역으로 보인다. 일에 지배당하지 않으려면 하나님이 예비하신 일을 받아들일 뿐 아니라 그 일의 둘레에 경계선을 그어야 한다. 일은 인간의 존재 목적대로 "하나님을 영화롭게 하고 그분을 영원히 즐거워하는"[3] 실천의 한 방법일 뿐이다.

> 한계 덕분에 온갖 좋은 것의 창시자인
> 하나님께 계속 주목하기 때문이다.

호반의 베드로처럼 우리도 일로 초대받았다. 일은 우리가 근본적으로 회복되었음을 보여 주는 가시적 증거다. 일은 더 큰 목적에서 흘러나온다. 그래서 우리는 일할 때 서슴없이 자신의 한계를 쭉 짚어 본다. 우리는 특정한 기술이나 성격이 없을 수 있고, 지치거나 피곤하고, 도움이 필요하다. 한계는 우리에게 착하고 충성되게 일할 수 있는 윤곽을 잡아 준다. 한계 덕분에 온갖 좋은 것의 창시자인 하나님께 계속 주목하기 때문이다. 우리는 작은 부분을 감당할 뿐이다. 부르신 대로 직무를 수행하고 사람을 목양한다.

남편이 사역의 한 직분에서 물러났을 때 그것은 한계를 수용하는 과감한 조치였다. 우리는 지난 몇 년 동안 전력으로 질주했으나 더는 버틸 수 없었다. 그랬다가는 부부 관계와 가정 생활에 타격이 있었을 테고, 하나님이 우리를 인도하시는 대로 교회 안팎의 사람들을 사랑하고 돌보지도 못했을 것이다.

그 한계를 수용하여 실천에 옮긴 게 바깥에서는 용기처럼 보였지만, 정작 우리에게는 죽음이나 때로는 이상한 표류처럼 느껴졌다. 아무것도 우리의 상상대로 된 적이 없던 미지의 세계로 풍덩 뛰어든 것 같았다. 꿈은 깊숙이 파묻혔다. 우리는 그것이 씨앗이 되어 언젠가는 하나님이 싹트게 해 주시기를 기도했다. 어쨌든 목적은 직업이나 일보다 크다. 목적대로 잘 풀리지 않거나 우리가 탈진할 때조차도, 목적은 그분께 받은 우리의 정체성에 대한 반응이다.

우리는 더 나은 이야기를 늘 상기한다. 목적이란 우리의 행위 이상이며, 우리의 정체성은 일로 규정되지 않는다는 것이다. 자신이나 자신의 일을 어떻게 받아들이든 우리를 떠받치는 것은 바로 하나님의 은혜다. 우리는 어지럽게 돌아가는 세상의 정지된 점이다. 우리가 기다리거나 신음하거나 갈 바를 알지 못할 때도 마찬가지다.

하나님은 포도나무의 농부시고 양의 큰 목자시며, 우리는 그분의 동역자요 증인이다. 우리는 부름받은 목적대로 살면서 작은 돌봄의 훈련들을 통해 그분을 즐거워한다. 즉 기도하고, 성경을 읽고, 물을 마시고, 건강에 좋은 음식을 먹고, 가족들과 게임하고, 산책하고, 친구들과 함께 맛있는 식사를 즐기고, 예배에 참석한다.

하나님의 땅이니 경작 방식도 우리가 아니라 그분이 정하신다. 그분이 부르시면 나는 누군가의 변기를 청소하거나, 책을 쓰거나, 남편이 구직에 집중하도록 빨래를 개거나, 몸을 굽혀 아이에게 샌드위치를 직접 만들어 먹을 수 있다고 또 말해 주거나, 예수님이 주시려는 여유로운 삶을 누군가에게 소개할 수 있다. 이 모두가 하나님 나라를 동사로 살아가는 내 작은 일이다.

매 순간 나는 내 시간, 주의력, 장소, 갈망, 열정의 한계를 하나님께 선물로 돌려 드릴 수 있다. 나를 기뻐하시므로 넓은 곳으로 인도하신 그분께 말이다. 무엇이 중요한지는 그분이 정하신다. 어떤 작은 행동, 어떤 자신 없고 무력한 기도가 대대로 파급 효과를 일으킬지는 그분만이 아신다. 그분의 경륜 가운데 어떤 일이 풍작을 이루고 어떤 일이 쭉정이만 남길지 우리는 모른다. 덕분에 우리는 시간을 바칠 만한 일이 무엇인지 끝없이 분석해야 하는 부담에서 벗어난다. 우리는 더 큰 목적으로 부름받았다. 베드로처럼 예수님 곁에 앉는 것이다. 양을 치고 먹이는 것이다. 그래서 우리는 하나님이 이미 하고 계신 일에 대한 궁금증을 키운다.

자신의 한계와 일을 생각할 때, 우리의 관심은 하나님 나라에 동참하는 것보다 자신을 위한 성취에 더 가 있지는 않은가?

하지만 한계를 선물로 보면, 사실 우리는 언약을 지키시는 하나님의 신실하심에 앞뒤로 빙 둘려 있는 것이다. 힘써 신앙의 난간을 따라 걸으면 여유로운 삶이 우리 안에 조금씩 자라 간다.

여기 자유가 있다. 멋진 삶이 있다. 그것은 크고 거창한 데 있지 않고 작은 것들 속에 있다. 예수님이 주시려는 여유로운 삶은 작고 보잘것없어 보이지만, 알고 보면 안이 바깥보다 더 넓다. 그 안에서는 아무것도 입증할 필요가 없다. 그 안에서는 그리스도의 의를 입으면 된다. 성령께 맡기면 그분이 회복시켜 주신다. 자백하고 슬퍼하고 회개하며 그 안으로 들어가면, 자신이 하나님 나라의 여러 동사대로 살고 있음을 알게 된다. 성령이 역사하시기에 우리는 가서, 전하고, 세례를 베풀 수밖에 없다. 그분께 합류하기만 하면 되니 얼마나 다행인가.

이것은 다 작은 행동이다. 경작하는 동산은 우리가 창설한 게 아니고, 먹이는 양도 우리가 창조했거나 목숨을 유지시키는 게 아니다. 우리는 사람들에게 예수님이 세우신 난간이 선하고 우리의 형통을 위한 것임을 알려 줄 뿐이다.

우리는 증인이다. 선한 일은 그분이 우리에게 맡기셨으니 그분이 이루신다.

* * *

주 하나님, 회복되기로 동의하려면 큰 용기가 필요하군요.
저는 제 마음을 압니다.
목적을 직접 만들어 내서 제 이름을 내려는 성향이 있다는 것을요.
이제 제 일, 제 가정, 제가 있는 곳이
온전해지기를 사모합니다.
온전함은 예수님의 너그러운 사랑에서 태어나지요.
하나님의 영이시여, 지금 주께 제 마음을 엽니다.
바람처럼 불어오셔서 저를 새롭게 하소서.
제 두려움이나 위안보다 예수님이 더 커지게 하소서.
제 속에 새로운 마음을 창조하소서.
아멘.

13 대성당 그리기

새롭게 보리는 초대

저번 날 무슨 바람이 불었는지 나는 대학 시절에 나를 울렸던 소설을 다시 읽었다. 바로 레이먼드 카버(Raymond Carver)의 『대성당』(*Cathedral*, 문학동네)이다.[1] 삶에 지치고 탈진한 중년의 화자는 아내의 옛 친구 로버트가 하룻밤 묵으러 오는 게 못마땅하다. 맹인인 로버트는 이제 막 아내와 사별했다.

로버트가 도착하자 화자는 아내의 비위를 맞추려 하지만 맹인이 한심해 보인다. 그런데 아내는 시종 미소를 지으며 그의 삶에 대해 듣고 싶어 한다. 화자가 보기에 로버트는 동정의 대상이자 자기네 옛날 소파처럼 별 볼 일 없는 존재인데, 어떻게 아내는 그에게 알랑거릴 수 있을까?

얼마 후 아내가 잠든 후에 화자와 로버트는 담배를 피우며 텔레비전 채널을 여기저기 돌린다. 화자는 맹인과 단둘이 있는 게 싫다. 앞을 못 보는 그에게 왠지 자신의 보이지 않는 부분까지 다 드러날 것만 같다.

이제 텔레비전에는 대성당에 관한 다큐멘터리가 방영된다. 아까 스포츠를 볼 때는 맹인도 듣고 내용을 파악할 수 있었지만, 이런 프로그램에는 시각이 요구된다. 화자는 화면에 잡힌 광경을 설

명하려 하지만 부질없다. 어려운 일일뿐더러 대성당이 그에게 아무런 의미도 없다. 화자는 신을 믿지 않으며 신앙이라는 걸 얻는 방법도 모른다. 그래서 로버트는 그에게 두꺼운 종이를 가져오라고 부탁한다. 함께 대성당을 그려 보자는 것이다.

로버트는 화자의 손 위에 자신의 손을 얹는다. 그의 격려에 힘입어 그리기가 시작되고 둘은 계속 그려 나간다. "나는 아치 모양으로 창문들을 그렸다. 나는 벽날개를 그렸다. 나는 엄청난 문들도 만들었다. 멈출 수가 없었다. 텔레비전 방송국은 송출을 멈췄다. 나는 볼펜을 내려놓고 손가락을 쥐었다가 폈다. 맹인은 종이 위를 더듬었다. 그는 손가락 끝으로 종이 위, 내가 그려놓은 것을 죄다 만져보더니 고개를 끄덕였다." 잠시 후 로버트는 그에게 눈을 감으라고 말한다. 그 상태로 계속 그려서 마침내 대성당이 완성된다. 로버트가 그림을 보라고 하는데도 화자는 눈을 뜨지 않는다. 소설은 다음과 같이 끝난다. "나는 우리 집 안에 있었다. 그건 분명했다. 하지만 내가 어디 안에 있다는 느낌이 전혀 들지 않았다. '이거 진짜 대단하군요.' 나는 말했다."

독일의 한 철학자에 따르면, 우리가 세상 돌아가는 방식에 "격분하는 이유는 아직 무엇이 없어서가 아니라 있는데도 그것을 통제함으로써 잃어버렸기 때문이다."[2] 여태 우리는 바쁘게 쫓기는 삶을 의식처럼 수행하여 행복, 성공, 의미 등의 결과를 공산품처럼 찍어 내려 했다. 이것이 『대성당』의 화자가 영위하던 무미건조한 삶의 본질이다. 우리의 세상이기도 하다. 우리는 공명(共鳴)을 잃었다. 잠, 내리는 눈, 신기한 초저녁 빛 등을 예측하거나 만들어 낼 수 없다는 사실을 망각했다. 하도 그렇다 보니 은혜와 초월성처럼 대성당에서 접할 법한 것들을 표현할 언어마저 잃었다. 방법론을 통해서는 더 여유로운 삶에 이를 수 없건만, 어느새 우리는 바로 그것을 시도하고 있다.

우리를 놀라게 해 줄 부활의 소망이 필요하다. 외부의 자극이 있어야 초월성이 뚫고 들어올 수 있다. "나는 우리 집 안에 있었다. 하지만 내가 어디 안에 있다는 느낌이 전혀 들지 않았다." 이런 깨달음의 순간이 우리에게도 있어야 한다.

대성당에 들어서면 입을 다물고 쳐다볼 수밖에 없다. 놀라서 입이 벌어지고 시선은 벽을 따라 천장까지 쭉 올라간다. 그렇게 턱을 쳐들고 있노라면 자신이 왜소하게 느껴진다. 하지만 그토록 거대한 것의 일부가 되면 우리 내면의 풍경도 확장된다. 어느새 우리의 질문이 달라질 수 있다. 자신이 동경하는 줄도 몰랐던 여유가 우리를 반겨 줄 수도 있다.

우리 삶은 지극히 평범해 보인다. 하지만 영혼 안에 어떻게 여유로운 공간이 열릴 수 있을지를 숙고하다 보면, 내면에 대성당이 점점 커진다. 어떤 상황에 처하든 우리는 그 공간에서 위를 우러러

> 예수님의 길은 세상이 돌아가는 방식과는 다르다.
> 바쁘게 쫓기는 삶이 아니라 완전히 새로운 길이다.

며 예배할 수 있다. 이 공간을 시편 저자는 "내 영혼으로 고요하고 평온하게 하기를 젖 뗀 아이…같게 하였나니"(시 131:2)라고 표현했다. 궁핍할 때나 풍부할 때나 자족하는 비결을 배웠다는 바울의 말도 같은 의미다. 그 자리는 미친 듯이 돌아가는 세상의 정지된 점이다.

예수님의 길은 세상이 돌아가는 방식과는 다르다. 바쁘게 쫓기는 삶이 아니라 완전히 새로운 길이다.

* * *

예수님이 부활하신 후에 제자들에게 지상명령을 주신 것은 그분을 따르는 이들끼리 빨리빨리 그 일에 매달리라는 뜻이 아니었다. 그것은 세상을 향한 하나님의 풍성하고 다층적인 마음과 이야기에 동참하라는 초대였다.

예수님은 그들에게 할 일을 맡기고 나서 곧 떠나셨다. 하늘에 오르신 것이다. 승천하시기 직전에 제자들이 여쭈었다. "주께서 이스라엘 나라를 회복하심이 이때니이까." 그러자 예수님은 그들의 한계를 상기시키신다. "때와 시기는 아버지께서 자기의 권한에 두셨으니 너희가 알 바 아니요 오직 성령이 너희에게 임하시면 너희가 권능을 받고 예루살렘과 온 유대와 사마리아와 땅 끝까지 이르러 내 증인이 되리라"(행 1:7-8). 모든 것을 알아야만 하나님이 주신 사명에 충실할 수 있는 게 아니다. 우리가 세상에서 하는 일은 성령께서 힘을 주셔야만 가능하다. 성령은 예수님이 약속대로 보내주신 위로자이자 교사다. 바로 성령의 능력을 통해 예수님은 세상 끝 날까지 우리와 함께 계신다.

우리 삶이나 그리스도인의 소명과 직업을 우리가 만들어 낼 수는 없다. 잠이나 갓 내리는 눈이 선물이듯이, 더 아름답고 여유로운 외부의 무엇이 우리를 끌어들여야 한다.

여유로운 삶은 우리가 통제권을 내려놓는 만큼만 이루어진다. 우리의 손을 성령의 인도하심에 맡기면 그분이 친히 우리 삶으로 대성당을 그리신다.

여유로운 삶의 길은 미래의 천국으로만 이어지는 게 아니라 예수께로 이어진다. 그분은 당신을 보고 아시며, 당신에게 자신을 내주시고, 당신을 용서하시고, 당신을 회복시켜 화목하게 하신다. 하나님의 무한한 사랑에 동참하는 당신을 보내 선한 일을 하게 하신다.

당신이 찾는 여유로운 공간은 나중의 시공에만 있는 게 아니라 지금 누릴 수 있다. 그 넓은 곳은 하나님 자신이시다. 그분이 성령

> 그 넓은 곳은 하나님 자신이시다.

으로 당신 안에 사신다.

우리는 바로 삼위일체의 삶 속으로, 삼위일체 하나님의 춤 속으로 받아들여졌다. 거기서 모든 사랑과 갈망과 필요가 풍성히 채워진다. 제임스 토런스(James B. Torrance)는 그것을 이렇게 기술했다.

예수님과 아버지의 이 독특한 관계는 성령으로 말미암아 해석된다. 예수님은 성령으로 잉태되셨고, 성령으로 세례를 받으셨고, 성령에 이끌려 광야로 가셨다. 십자가에서 영원한 성령을 통해 아버지께 자신을 드리셨고, 성령의 능력으로 부활하셨고, 온전한 인간으로서 우리 대신 아버지께 성령을 받으셨다. 그리하여 그 충만하심으로 오순절 날 교회에 성령 세례를 베풀어, 삶 속에서 함께 교제하고 섬기며 사명을 다하게 하셨다.[3]

당신은 성령의 성전이다. 하나님 자신의 대성당이고 집이다.

※ ※ ※

사도행전 2장에 누가가 기록했듯이 하늘로부터 "급하고 강한 바람"이 다락방에 임했다(2절). 제자들은 예수께서 살아나셨다는 사실이 당국에 알려질 경우에 벌어질 파장이 두려워, 다 함께 모여 있었다. 그분이 하나님께로 돌아가면서 맡기신 사명을 어떻게 수행해야 할지도 막막했다.

그런데 그때 기차 화통과 돌풍의 소리를 내며 하나님의 바람이 들이쳤다. 강렬하고 무시무시했다. 이어 "마치 불의 혀처럼 갈라지는 것들이 그들에게 보여 각 사람 위에 하나씩 임하여 있"었다(3절). 선지자 요엘의 말이 불과 바람으로 성취되었다. 하나님이 성령을 부으시자 아들딸들이 예언하고 창조 세계 자체가 변하고 이 땅에 구원이 임했다.

베드로가 일어나 이 새로운 일을 증언했다. 그는 십자가에 못 박히신 예수님이 주님이며, 지도층과 당국이 꾀한 악을 하나님이 선으로 바꾸셨다고 말했다. 그날 부어진 성령은 예수님이 하나님이시라는 표증이었고, 그분의 사람들이 구원받고 속량되리라던 약속이 그분의 죽음과 부활을 통해 성취되었다는 인장이었다. 과연 주님의 큰 날이 임했다. 예수님은 주님이자 메시아시다!

기쁜 소식에는 반응이 요구된다. 급하고 강한 바람 소리를 들은 사람들은 마음이 쩍쩍 갈라져 물을 달라고 외쳤다. 이 새 생명을 어떻게 얻을 것인가? "우리가 어찌할꼬"라는 그들의 물음에 베드로는 여유로운 삶으로 들어가는 길을 가리켜 보였다. "회개하여⋯세례를 받"으라(37-38절).

그리하여 그들의 삶이 변화되었다. 그들은 모여서 예배하고 기도했다. 아낌없이 베풀며 살았다. 함께 떡을 뗐고, 가난한 사람들을 구제했고, 온 백성의 칭송을 받았다. 그들의 삶은 공동선을 위해 서로 긴밀히 연계되었고, 새로운 백성과 장소에 헌신되어 있었다. 하나님의 영만이 이런 변화를 일으키실 수 있다. 그들의 숫자는 점점 불어났다.

그들은 다 한몸의 지체인지라 하나의 집으로 지어졌다. 여유로운 삶은 전염성이 있다.

* * *

내가 제일 좋아하는 산책은 생각을 정리하거나 곤두선 신경을 가라앉히려는 산책이 아니라 시누 케리와 함께 하는 산책이다. 자연 속을 멀리 걸으며 우리는 하나님이 여태 행하셨고 지금 행하고 계시며 장차 행하실 일을 서로 듣곤 한다. 한번은 놀이터 시설을 끼고 도는 자연 보호 구역을 걷다가 우리도 주변의 훨훨 나는 새들처럼 예수님을 따르자고 말하기도 했다.

우리는 비행으로 초대받았다. 드높이 비상하시는 하나님이 우리를 날개 아래 고이 품어 보호하신다. 예수님의 사명을 따르려면 그분이 실제로 날고 계신 곳을 보아야 한다. 하나님을 요정처럼 대하여 우리의 급조된 계획에 복을 구할 게 아니라 그분이 가시는 데를 주목해야 한다. 더 여유로운 삶이란 어미이신 그분의 박동하

> 멋진 삶이 결코 우리의 통제로 얻어지는 게 아니라
> 순전히 하나님의 작은 초대에 기인한다면 어떨까?
> 그 초대는 우리의 한계를 쭉 짚어 보고, 인간성을 느끼고,
> 그분 안에 숨으라는 초대다.

는 심장과 날개에 바짝 붙어 있다가 그분이 새끼에게 가라고 하실 때 바람 속을 나는 것이다. 안전하면서도 전율이 느껴질 것이다. 행위로 사랑을 얻어 내야 한다는 부담은 전혀 없다. 이미 그분의 날개에 안겨 사랑받고 있기 때문이다.

멋진 삶이 결코 우리의 통제로 얻어지는 게 아니라 순전히 하나님의 작은 초대에 기인한다면 어떨까? 그 초대는 우리의 한계를 쭉 짚어 보고, 인간성을 느끼고, 그분 안에 숨으라는 초대다.

하나님의 날개에 안겨 있으면 한계 덕분에 오히려 우리와 우리가 있는 곳이 형통할 수 있다. 우리는 사명을 지휘하는 게 아니라 사명에 동참한다. 하나님의 선하심을 증언할 뿐이다. 우리는 가서 전한다. 사람들이 회개하면 세례를 통해 그들을 언약 공동체 안으로 초대한다. 여유로운 삶 속으로 초대한다.

어디서 무엇을 하든지 늘 우리의 전부가 개입된다는 의미에서, 이것은 평범한 일이다. 성직자나 SNS 팔로워 수가 어마어마한 사

람만 하는 일이 아니다. 스티븐 가버(Steven Garber)의 말대로 이는 보는 방식의 문제다. "우리는 평범한 곳에 사는 평범한 사람이지만 삶 전체를 성례로 보도록 부름받았다. 알고 보면 우리의 직업도 더 온전한 세상을 가리켜 보이는 이정표다. 거기는 진정하고 참되고 옳은 것들이 세상의 피륙—먹고 마시고 예배하고 일하고 사랑하고 살아가는 일—속에 직조되어 있어, 현세와 장차 이루어질 세상이 매끄럽게 맞물린다."[4]

하나님이 당신을 어떤 사람으로 지어 어디에 두시고 어떤 한계를 품게 하셨든 관계없이, 당신은 그분의 위대한 사명에 동참한다. 평범한 삶을 하나님의 이야기에 접붙일 방도를 모색한다. 그것이 당신이 할 일이다. 증인이 되는 것이다. 가계부 작성, 카풀, 불의의 종식을 위한 노력, 일, 여가 등이 모두 신성하다. 전부 구속(救贖)하고 배가하여 사랑으로 베풀 수 있다. 냉수 한잔의 대접도 그렇고 기도도 그렇다.

우리는 한 백성으로 부름받아 하나의 집으로 지어져 간다.

* * *

그래서 나는 이 선하고 풍성하고 여유로운 삶이 어떤 모습일지 나와 함께 새롭게 보자고 당신을 초대한다.

내 마음에 그려지는 그 삶은 봄철과 같다. 땅이 녹기 시작하면서 새싹이 앞다투어 초록빛을 뿜어낸다. 황량한 겨울이 지나간 동네에 다시 생기가 감돈다.

길을 막아 놓고 노점마다 음식과 예쁜 물건들을 판다. 집집의 현관에 현지 밴드가 자리잡고 있다. 드럼 세트와 기타 연주자가 자리를 다투고, 노래하는 사람도 비집고 들어와 철제 난간에 걸터앉는다. 행인들은 타코나 아이스크림을 먹으며 한가로이 거닌다. 민트 레모네이드나 냉커피를 마시기도 한다. 그들은 걸음을 멈추고 미소 띤 얼굴로 구경하며 음악에 빠져든다.

그러다 옆집으로 걸어간다. 동네에 차려진 밴드는 그밖에도 많고, 연주하는 곡도 각기 다르다. 청중과 밴드가 함께 웃으며 그 세계에 동참한다. 햇살과 음악, 단물 든 아이의 손가락과 옹이 박힌 어른의 손이 함께 만들어 내는 아름다운 순간이다. 어떤 현관에서는 시를 낭송하고, 다른 집에서는 동화를 읽어 준다. 잔디밭에서 트럼펫을 불거나 바이올린을 켜는 사람도 있으리라.

내 상상 속의 그 길에는 자동차가 없다. 길 한복판에 순백색 식탁보를 씌운 기다란 탁자가 놓여 있다. 탁자는 끝없이 뻗어 나간다. 가장자리는 식물의 덩굴로 꾸며져 있고, 은빛 수저 세트는 햇빛을 받아 반짝인다. 탁자 가득히 촛불이 밝혀져 있고, 난초가 곡선미를 뽐낸다. 그리고 누구나 다 앉을 자리가 있다.

처음에 하나님이 당신을 더 여유로운 삶으로 초대하셨을 때, 당신은 비교에 허덕이고 있었고 바쁘게 쫓기느라 등골이 휘었다.

그래서 그분의 초대가 마냥 꿈만 같았다. 그런데 막상 하나님이 지으신 그 집에 들어와 보니 약간 답답하게 느껴졌다. 당신은 유혹, 고난, 고통, 불의를 통과했다. 하나님과 씨름해야 했고, 옛길을 인간이 형통하는 좋은 길로 보아야 했다.

그 초대가 어둡게 느껴지고 폐소 공포증을 유발할 즈음, 알고 보니 "간고[슬픔]를 많이 겪은 사람"이 거기에 당신과 함께 계셨다. 그분도 배신당하여 외로운 적이 있었다. 당신 영혼의 그 어두운 자리에 아마 편한 의자와 담요와 작고 희미한 불빛도 있었을 것이다. 잘 왔으니 두려워할 필요가 없다는 뜻이었다.

그러다 그분은 당신을 데리고 불을 다 켜 당신을 그 어두운 구석에서 이끌어 내셨다. 그러자 답답하던 공간―당신의 모든 상실과 한계―이 갑자기 달라졌다. 상실이 선물로, 죽음이 생명으로 바뀌었다. 여기까지가 다 초대다.

지금도 그분은 당신 곁에 계신다.

그분이 당신을 다 아시는데도 당신은 안전하게 느껴진다. 그런 당신을 그분은 당신이 처음에 들어왔던 이 집의 문간으로 데리고 나가, 이제부터 (그분처럼) 다른 사람들을 초대하게 하신다. 바쁘게 쫓기는 삶의 중압감에서 벗어나야 할 사람은 얼마든지 많이 있다. 당신이 아는 누군가에게, 친절한 말이나 작은 선물이나 기도 제의나 심지어 껄끄러운 질문을 통해 초월성이 뚫고 들어와야 한다.

아파하는 사람을 어떻게 위로해 줄 수 있을지 당신은 안다. 거꾸로 당신이 위로를 받아야 할 때도 있다. 가능성은 무궁무진하다. 시야가 넓어지기 때문이다.

그분은 당신을 작고 어두운 구석에서 이 집의 문간으로 도로 인도해 내셨다. 당신은 밖을 내다본다. 음악 소리는 들리는데 어찌해야 할지 약간 막막하다. 진작 삶의 통제권을 내려놓았기 때문이다. 고통이나 죄나 상처를 다른 사람들과 하나님 탓으로 돌리던 것도 그만두었다. 당신은 이미 속이 다 드러났고, 하나님과 씨름하여 그분이 결코 당신을 버리지 않으심을 보았다.

그분은 당신을 인도하고 지도하실 위로자 성령을 곁에 보내시고, 당신에게 사랑의 담요를 둘러 주시고, 앞문을 내다보게 하신다.

주변을 둘러보면 당신처럼 이 여유롭고도 좁은 길로 들어온 사람들이 보인다. 그들도 당신처럼 약간 초라해 보이지만 그럼에도 아름답다. 함께 연주하는 음악 소리가 당신이 듣기에도 참 좋다. 각자 독특한 데다 자기가 맡은 부분만 연주하는데도, 싱그럽고 새로운 화음으로 어우러진다.

지금 그분이 당신을 초대하신다. 사명을 맡겨 보내신다. 그러니 여유로운 삶 속으로 깊이 들어가라. 더 많은 사람을 한계 안의 삶으로 불러들여 목자이자 왕이신 그분의 자상한 손길 아래서 살아가게 하라.

그분은 당신의 손 위에 자신의 손을 얹고 대성당처럼 당신의 삶을 그려 나가신다.

식탁은 차려져 있다. 현관에 파티가 벌어지고 문이 열려 있다. 우리를 앞서가신 예수님이 우리도 따라오라고 부르신다. 함께 가 보자. 친구여, 집에 온 것을 환영한다. 여기 더 여유로운 삶이 있다.

* * *

성령님, 저를 소생시켜 주소서.
제게 은혜를 베푸셔서 작고 평범한 것들을 통해
하나님의 사명에 동참하게 하소서.
제 눈과 귀를 열어 주소서.
예수님의 임재와 영광을 확신하게 하소서.
제 삶을 주님의 영광스러운 대성당 안으로 이끄소서.
저는 속속들이 다 주님의 것입니다.
제 눈을 뜨게 하셔서 주님을 아는 영광을 보게 하소서.
아멘.

감사의 말

이 책을 쓸 무렵 내게 시간의 제약이 커졌다. 여러 출판인과 편집자와 작가와 우리 가족들이 너그럽게 나를 지원해 주었다. 그들은 어두운 시기를 함께 통과하며 내 한계를 지적해 주었고, 그러면서도 희망을 잃지 않았다.

원고를 받아 주고 응원하고 출간해 준 돈 게이츠와 IVP 출판사에 감사한다. 탈고하기까지 도와 준 엘리사 샤워에게 특별히 감사한다. 전체 편집부, 홍보부, 영업부와 함께 일하는 것도 즐거웠다.

좋은 책은 다 대화의 산물이다. 제목과 부제를 제안해 주고 작가의 동지애로 격려해 준 레드버드 작가조합에 감사한다. 일부 개념을 실험할 수 있도록 지면을 내 준 「크리스채너티 투데이」(*Christianity Today*), 「인터치 매거진」(*inTouch Magazine*), 여러 웹사이트의 편집자들에게 감사한다.

글쓰기가 고독한 삶이다 보니 친구와 동료를 새로 만나면 기쁘다. 젠, 로라, 캐라, 로어, K. J., 메러디스, 서머, 브랜던에게 깊이 감사한다. 특히 그들은 좋은 질문과 격려를 아끼지 않았다. 말리나는 처음 몇 장의 초고를 읽어 주었고, 앤줄리는 초대라는 표현을 제안해 주었다. 원근의 친구들에게도 감사한다. 멜리사, 크리스티, 알리타, 젠, 제프, 재키는 적극 나서서 우리를 위해 기도해 주었고, 질 스위트는 나와 함께 성령의 음성에 귀를 기울여 주었다. 늘 한결같이 기도해 주는 켄과 태미 부부의 우정과 쓴소리를 인해서도 감사한다. 귀한 사람들이다.

내 팟캐스트 〈거룩함을 발견함〉(Finding Holy)에 출연해 주는 초대 손님들에게 깊이 감사한다. 마음을 다한 그들의 협력 덕분에 환대와 좋은 질문의 장이 열린다.

이 책은 우리에게 너른 공간을 내 준 절친한 친구들이 없었다면 간행되지 못했을 것이다. 지난 몇 년 동안 우정은 물론 삶까지 다 퍼 준 제이슨과 칼라 부부에게 감사한다. 한없이 고마운 이 심정을 어떤 말로도 다 표현할 수 없다. 그들을 사랑한다. 함께했던 산행의 추억도 늘 마음에 남을 것이다.

내 심각한 질문도 다 들어 주고 늘 푸짐한 식사를 대접해 주는 켄과 질리언 부부에게 감사한다. 그들이 내 준 너른 공간에서 우리는 쉬고, 속을 털어놓고, 꿈꾸고, 빵과 포도주를 통해 복음의 좋은 이야기를 상기하곤 했다. 고마운 친구들이다.

시누 부부 캐리와 카터에게 감사한다. 그들은 신실하게 예수께로 매진하는 모범을 보이며, 하나님이 전 세계 어디서 역사하시는지를 잘 살핀다. 산책과 대화를 인해서는 물론이고 우리 아이들을 사랑해 주는 것에도 감사한다. 그들을 사랑한다.

이 기간에 우리에게 넉넉한 물리적 휴식 공간을 제공해 준 하워드와 로버타 부부에게 감사한다. 식사와 대화도 아주 즐거웠다. 삶에 온통 불꽃이 붙어 있어 영광이 보인다. 그들의 대접은 순전한 기쁨이고 우정은 보화다.

우리를 먹여 주고 돌보아 주고 반겨 주고 사랑해 준 친정 부모님 토르와 캐롤린, 시댁 부모님 존과 샐리에게 감사드린다. 그분들 없이는 불가능한 일이었다.

내 가장 깊은 한계를 느끼는 사람은 물론 가장 가까운 가족들이다. 내 한계를 보면서도 사랑해 주는 남편과 네 아이에게 감사한다. 그들은 은혜의 산 증거다. 에즈라가 삶의 기초이신 예수님의 무한한 의를 늘 신뢰하기를 바란다. 포터가 성령의 위로로 늘 맡은 일을 기쁘게 감당하기를 바란다. 예수님의 선하심이 캠든에게 아름다움의 기준이 되기를 바란다. 사랑하는 딸이라 불러 주시는 예수님 안에서 해리엇의 기쁨이 충만하기를 바란다.

사랑을 위해 자신을 제한하는 브라이스가 없었다면 이 책은 존재하지 못할 것이다. 남편 덕분에 사랑이 아름다워 보이고, 그에게 사랑받기에 예수님을 더욱 사모하게 된다. 남편은 내게 최고의 선물이자 보화다.

나의 자비롭고 선한 목자인 예수님께 감사드린다. 우리의 집인 그분 안에서 나는 정말 최대한 "내 집처럼" 지내는 법을 배우는 중이다. 그분이 내게 주목해 주신다는 사실은 선물이자 삶 자체다. 이 졸저가 증인과 기념비가 되고, 주께서 뜻대로 키워 주시는 씨앗과 같았으면 좋겠다.

끝으로 사랑하는 독자에게 이 글이 안식처가 되기를, 그리하여 결국 하나님의 말씀이 안식처가 되기를 기도한다. 거기는 여유로운 곳이다.

토의 질문

1. 당신이 바쁘게 쫓기며 살아온 부분은 어디인가? 당신의 문화적 정황에서는 그런 특징을 어디서 보았는가?

2. "창조 세계의 피륙 속에 한계가 교직되어 있다는 것은 그만큼 하나님이 사랑으로 통치하시고 돌보신다는 증거다. 한계는 죄의 결과나 우리를 억누르는 구속이 아니라 하나님의 심히 좋은 계획의 일환이다"(33쪽). 이 개념을 어떻게 생각하는가?

3. "디지털의 오지랖"은 당신의 삶에 어떤 영향을 미치고 있는가? 매 순간 한 곳에서 한 사람으로 살기 위해 당신이 첨단 기기 사용에 둘러칠 수 있는 경계선은 무엇인가?

4. 저자는 잘 기다리려면 "고통의 모양"에 이름을 붙이고 애통해야 한다고 말한다(71-72쪽). 기다림은 당신에게 어떤 감정을 불러일으키는가? 이런 불편한 감정을 어떻게 하나님을 알라는 초대로 전환할 수 있을지 토의해 보라. 기다릴 때 통제권을 잃는 것 같아 불안해진다면, 하나님의 주권과 신실하심과 가까이 계심을 묵상하라.

5. 자신의 제약에 어떻게 반응하는가? 남을 탓하거나 수치심에 빠지는가? 제약을 통제하려 하거나 무시하거나 제약에 저항하는가? 예수님은 당신을 어디로 초대하시겠는가?

6. 잠과 안식을 다루는 대목에서 저자는 우리가 "장소에 살 듯이 시간 속에 살" 수 있다고 말한다(90쪽). 이런 여유가 생겨나면 당신의 시간과 일정과 우선순위가 어떻게 달라지겠는가? 우선 시작할 만한 작은 실천은 무엇인가?

7. 저자는 "거절하면 꼭 수락해야 할 때 수락할 여유가 생긴다"라고 일깨운다(98쪽). 이 초대의 말을 읽고 제일 먼저 드는 생각은 무엇인가? 꼭 수락해야 할 때 수락할 수 있도록 하나님이 당신에게 거절하라고 하시는 것이 있다면 무엇인가?

8. "놀이는 인간의 가치와 진가를 생산물로 따지는 데 맞서는 저항 행위다"(107쪽). 당신의 삶에 놀이가 있는가? 놀이와 즐거움을 어떻게 실천할 수 있겠는가?

9. "끈끈한 교회 공동체도…제약을 통해서만 맛이 살아나고 그윽해진다"(135쪽). 당신이 공동체에서 경험하는 제약은 무엇인가? 각 제약이 어떻게 선물일 수 있겠는가? 당신을 사랑하기 위해 자신을 제약하는 사람을 어디서 보았는가?

10. 저자에 따르면 거하다(abide)의 어원은 '그대로 있다, 깨어 있다, 당차게 기다린다'는 뜻이다. 당신은 변함없이 곁에 있어 주는 사람을 어디서 경험했는가? 지금까지 그리스도는 어떻게 당신 곁에 거하셨는가? 매주의 일정 속에서 그리스도 안에 거한다면 그것이 어떤 모습으로 나타나겠는가?

11. 대개 우리가 생각하는 자유는 속박에서 벗어나는 것이다. 그러나 자유가 단지 **벗어나는** 게 아니라 무언가를 **위한** 것이라면 어떨까? "그리스도께서 우리를 자유롭게 하려고 자유를 주셨으니"(갈 5:1). 예수님은 당신을 무엇에서 벗어나게 하셨고 무엇을 위해 자유롭게 하셨는가?

12. 저자는 우리의 관심이 하나님 나라에 동참하는 것보다 자신을 위한 성취에 더 가 있지는 않은지 묻는다(196쪽). 둘은 어떻게 다른가? 삶이라는 계기판에서 당신의 한계는 어떻게 내면을 점검해 보라는 경고등일 수 있겠는가?

13. "기쁜 소식에는 반응이 요구된다"(205쪽). 책을 읽으면서 마음의 여유가 느껴졌는가? 한계를 통해 그분을 알아 가라는 하나님의 초대에 어떻게 반응하고 싶은가?

14. "예수님 자신이 곧 여유로운 공간이시다"(165쪽). 지금까지 이것을 어떻게 경험했는가?

15. 이 책에서 당신이 가장 실천하고 싶은 초대는 무엇인가? 어떻게 행동에 옮길 수 있겠는가? 당신의 그룹이나 공동체는 어떻게 초대를 받아들여 함께 실천할 수 있겠는가?

주

01 대형 마트 같아진 삶

1 웬델 베리는 *A Timbered Choir: The Sabbath Poems 1979-1997* (Washington, DC: Counterpoint, 1998), p. 178에서 "우리는 계획된 삶이 아니라 주어진 삶을 산다"라고 썼다.
2 Ada Calhoun, *Why We Can't Sleep: Women's New Midlife Crisis* (New York: Grove, 2020), introduction, ebook edition. 『우리가 잠들지 못하는 11가지 이유』(라이팅하우스).
3 David Brooks, *The Second Mountain: The Quest for a Moral Life* (New York: Random House, 2019), p. 13. 『두 번째 산』(부키).
4 Fleming Rutledge, *Advent: The Once and Future Coming of Jesus Christ* (Grand Rapids, MI: Eerdmans, 2018), p. 324.
5 Lesslie Newbigin, *Foolishness to the Greeks: The Gospel and Western Culture* (Grand Rapids, MI : Eerdmans, 1986), p. 119. 『헬라인에게는 미련한 것이요』(IVP).
6 James K. A. Smith, *On the Road with St. Augustine: A Real-World Spirituality for Restless Hearts* (Grand Rapids, MI: Brazos, 2019), pp. 62-63. 『아우구스티누스와 함께 떠나는 여정』(비아토르).

02 한계를 지으시니 보시기에 심히 좋았더라

1 St. Athanasius, "On the Incarnation", Copticchurch.net, www.copticchurch.net/topics/theology/incarnation_st_athanasius.pdf, p. 8.
2 Alexander Schmemann, *For the Life of the World: Sacraments and Orthodoxy* (Crestwood, NY: St. Vladimir's Seminary Press, 2004). 『세상에 생명을 주는 예배』(복있는사람).

03 인스타그램에 예수님은 없다

1 Michael Brendan Dougherty, "A Conspiracy Theory Worth Considering", *National Review*, January 13, 2021, www.nationalreview.com/2021/01/a-conspiracy-theory-worth-considering/.
2 David Zahl, *Seculosity: How Career, Parenting, Technology, Food, Politics, and Romance Became Our New Religion and What to Do About It* (Minneapolis: Fortress, 2019), p. 79.
3 Isaac Watts, "When I Survey the Wondrous Cross" (1707).
4 Mary Oliver, "The Summer Day", www.loc.gov/poetry/180/133.html.
5 Wendell Berry, "Faustian Economics: Hell Hath No Limits", *Harper's*, May 2008, https://harpers.org/archive/2008/05/faustian-economics/.

04 오이와 물수제비뜨기

1 이 장의 일부는 저자가 다음 제목의 기사로 기고한 바 있다. "Waiting Time Isn't Wasted Time", *Christianity Today*, April 10, 2019, www.christianitytoday.com/ct/2019/april-web-only/delayed-response-jason-farman-art-waiting.html.
2 Frederick Dale Bruner, *Matthew: A Commentary*, vol. 1: *The Christbook* (Grand Rapids, MI: Eerdmans, 2004), p. 126.
3 Seth Haines, *The Book of Waking Up: Experiencing the Divine Love That Reorders a Life* (Grand Rapids, MI: Zondervan: 2020), p. 84.
4 Walter Brueggemann, *Spirituality of the Psalms* (Minneapolis: Augsburg Fortress, 2002). 『브루그만의 시편사색』(솔로몬).
5 Dane Ortlund, *Gentle and Lowly: The Heart of Christ for Sinners and Sufferers* (Wheaton, IL: Crossway, 2020), p. 179. 『온유하고 겸손하니』(개혁된실천사).

05 영적 삶은 인스턴트팟이 아니다

1 Gabriella Gersheson, "The Instant Pot Cult Is Real", *Taste Cooking*, February 8, 2017, www.tastecooking.com/instant-pot-cult-real/.

2 Jill Sweet, Come Learn Rest Ministries, https://comelearnrest.com.
3 A. J. Swoboda and James Bryan Smith, "Conversation with A. J. Swoboda", November 6, 2019, *in Things Above*, podcast, https://apprenticeinstitute.org/2019/11/06/conversation-with-a-j-swoboda/.
4 Words of Compline, *The Book of Common Prayer (2019)* (Huntington Beach, CA: Anglican Liturgy Press, 2019).
5 Jefferson Bethke, *To Hell with the Hustle: Reclaiming your Life in an Overworked, Overspent and Overconnected World* (Nashville: Thomas Nelson, 2019), p. 94.
6 Frederick Dale Bruner, *Matthew: A Commentary*, vol. 1: *The Christbook* (Grand Rapids, MI: Eerdmans, 2004), p. 398.
7 Bruner, *Matthew*, p. 398.
8 Bruner, *Matthew*, p. 398.
9 James Bryan Smith, *The Good and Beautiful God: Falling in Love with the God Jesus Knows* (Downers Grover, IL: Inter-Varsity Press, 2009), p. 34. 『선하고 아름다운 하나님』(생명의말씀사).
10 Abraham Joshua Heschel, *The Sabbath: Its Meaning for Modern Man* (New York: Farrar, Straus and Giroux, 2005), pp. 8, 10. 『안식』(복있는사람).

06 바닷가에서 연 날리기

1 B. B. Warfield, "The Emotional Life of Our Lord", available at Monergism, www.monergism.com/thethreshold/articles/onsite/emotionallife.html.
2 St. Augustine, *On the Trinity* 6.10, available at www.ewtn.com/catholicism/library/on-the-trinity-vviii-9097. 『삼위일체론』(분도출판사).
3 Scott Swain, "That Your Joy May Be Full: A Theology of Happiness", *Desiring God*, April 23, 2018, www.desiringgod.org/articles/that-your-joy-may-be-full.
4 Rubem Azevedo Alves, "Play or How to Subvert Dominant Values", *Union Seminary Quarterly Review* 26, no. 1 (Fall 1970): pp. 43-57.
5 "For Trustfulness in Times of Worry and Anxiety", *The Book of Common*

Prayer (2019) (Huntington Beach, CA: Anglican Liturgy Press, 2019), p. 670.

07 사랑은 칵테일 파티가 아니다

1 John Mark Comer, *The Ruthless Elimination of Hurry: How to Stay Emotionally Healthy and Spiritually Alive in the Chaos of the Modern World* (New York: Crown, 2019), p. 23. 『슬로우 영성』(두란노).
2 Dallas Willard, *The Spirit of the Disciplines: Understanding How God Changes Lives* (New York: HarperCollins, 1988), p. 6. 『영성 훈련』(은성).
3 Malcolm Guite, *Word in the Wilderness: A Poem A Day for Lent and Easter* (London: Canterbury Press Norwich, 2014), p. 22.

08 소금은 모여야 맛이다

1 Samin Nosrat, *Salt, Fat, Acid, Heat: Mastering the Elements of Good Cooking* (New York: Simon & Schuster, 2017), p. 20. 『소금, 지방, 산, 열』(세미콜론).
2 프레데릭 브루너의 다음 책에 나온 데이비스와 앨리슨의 말을 다른 표현으로 바꾼 것이다. *Matthew: A Commentary*, vol. 1: *The Christbook* (Grand Rapids, MI: Eerdmans, 2004), p. 189.
3 Nosrat, *Salt, Fat, Acid, Heat*, p. 21.
4 Alexander Schmemann, *For the Life of the World: Sacraments and Orthodoxy* (Crestwood, NY: St. Vladimir's Seminary Press, 2004).
5 Seth D. Kaplan, "What is Community?", *Comment Magazine*, February 27, 2020, www.cardus.ca/comment/article/what-is-community/.

09 그냥 주어진 것들

1 Douglas McKelvey, "A Liturgy for Leaving on Holiday", *Every Moment Holy* (Nashville: Rabbit Room, 2017), pp. 68-70.
2 Julie Beck, "What It's Like to Carry on a Tradition with a Friend Who Can't Remember It", *The Atlantic*, January 22, 2021, www.theatlantic.com/family/archive/2021/01/friends-who-high-five-every-week/617775/.

10 어떻게 죽을 것인가

1 Laura Fabrycky, *Keys to Bonhoeffer's Haus: Exploring the World and Wisdom of Dietrich Bonhoeffer* (Minneapolis: Fortress, 2020), p. 188.
2 John Milton, *Paradise Lost*, book 4. The John Milton Reading Room, Dartmouth College, www.dartmouth.edu/~milton/reading_room/pl/book_4/text.shtml. 『실낙원』(동서문화사).

11 사랑의 난간을 따라

1 Sissy Goff, *Raising Worry-Free Girls: Helping Your Daughter Feel Braver, Stronger, and Smarter in an Anxious World* (Bloomington, MN: Bethany House, 2019), p. 114.
2 James K. A. Smith, *On the Road with St. Augustine: A Real-World Spirituality for Restless Hearts* (Grand Rapids, MI: Brazos Press, 2019), p. 66.
3 A. J. Swoboda, *A Glorious Dark: Finding Hope in the Tension Between Belief and Experience* (Grand Rapids, MI: Baker Books, 2014), p. 100.
4 Rainier Marie Rilke, "A Walk", trans. Robert Bly, All Poetry, https://allpoetry.com/A-Walk.
5 N. T. Wright, *Surprised by Hope: Rethinking Heaven, the Resurrection, and the Mission of the Church* (San Francisco: HarperOne, 2008), p. 29. 『마침내 드러난 하나님 나라』(IVP).
6 C. S. Lewis, *The Weight of Glory: And Other Addresses* (New York: HarperCollins, 1980), p. 31. 『영광의 무게』(홍성사).
7 이 그림들은 윌리엄 쿠렐렉(William Kurelek)의 작품으로, 그의 다음 책에 실려 있다. *A Northern Nativity: Christmas Dreams of a Prairie Boy*.

12 변기를 청소하는 슈퍼히어로

1 Dane Ortlund, *Gentle and Lowly: The Heart of Christ for Sinners and Sufferers* (Wheaton, IL: Crossway, 2020), p. 179.
2 Jen Pollock Michel, "Amy Coney Barrett's Message: The Maternal Hero Is a Myth", *Christianity Today*, October 16, 2020, www.christianitytoday.com/

ct/2020/october-web-only/amy-coney-barrett-motherhood-message-kill-myth-hero.html.
3 웨스트민스터 소요리문답의 첫 번째 질문은 "사람의 제일 되는 목적은 무엇입니까?"이고, 대답은 "하나님을 영화롭게 하고 그분을 영원히 즐거워하는 것입니다"이다.

13 대성당 그리기

1 Raymond Carver, "Cathedral", *Cathedral: Short Stories* (New York: Vintage, 1983), ebook. 『대성당』(문학동네).
2 Hartmut Rosa, *The Uncontrollability of the World*, trans., James Wagner (Cambridge, UK: Polity Press, 2020) p. 117. 그가 사용한 눈(snow)과 조작 불가능성(unengineerability)에 대한 예는 8장 서문에 나온다.
3 James B. Torrance, *Worship, Community and the Triune God of Grace* (Downers Grove, IL: IVP Academic, 1996), p. 31. 『예배, 공동체, 삼위일체 하나님』(IVP).
4 Steven Garber, *The Seamless Life: A Tapestry of Love and Learning, Worship and Work* (Downers Grove, IL: Inter-Varsity Press 2020), p. 54.

옮긴이 윤종석은 서강대 영어영문학과를 졸업했으며, 미국 골든게이트 침례 신학교에서 교육학(M.A.)을, 트리니티 복음주의 신학교에서 상담학(M.A.)을 공부했다. 옮긴 책으로는 『놀라운 하나님의 은혜』『하나님의 음성』『교회, 나의 고민 나의 사랑』『길 위에서 하나님을 만나다』(이상 IVP), 『예수님처럼』『하나님의 모략』(이상 복있는사람), 『팀 켈러의 내가 만든 신』(두란노) 등이 있다.

작아서 아름다운

초판 발행_ 2023년 3월 24일
초판 2쇄_ 2023년 12월 6일

지은이_ 애슐리 헤일스
옮긴이_ 윤종석
펴낸이_ 정모세

펴낸곳_ 한국기독학생회출판부
등록번호_ 제2001-000198호(1978.6.1)
주소_ 04031 서울시 마포구 동교로 156-10
대표 전화_ (02)337-2257 팩스_ (02)337-2258
영업 전화_ (02)338-2282 팩스_ 080-915-1515
홈페이지_ http://www.ivp.co.kr 이메일_ ivp@ivp.co.kr
ISBN 978-89-328-1998-3

ⓒ 한국기독학생회출판부 2023

책값은 뒤표지에 있습니다.
무단 전재와 복제를 금합니다.